인간
존재의
의미

에드워드 윌슨

인간
존재의
의미

지속 가능한 자유와 책임을 위하여

The Meaning of Human Existence　　　　　**이한음 옮김**

옮기고 나서

　우리는 왜 존재하는가? 이 책에서 저자는 수십 년 동안 붙들고 씨름한 그 의문을 깊이 탐구한다. 얇은 지면에 오랜 세월에 걸쳐 탐구하고 깨달은 내용들이 고도로 압축되어 담겨 있다.

　저자가 전작인 『지구의 정복자』에서 보여 주었듯이, 우리가 어떻게 다른 종들을 제치고 지성과 문명을 갖춘 유일한 종이 되었는지는 진화적으로 설명이 가능하다. 그 설명에 따르면, 우리는 비열한 동시에 고상하며, 이기적인 동시에 이타적인 존재다. 본래 그렇게 태어났기 때문이다. 인문학은 이 모순되는 성격을 지닌 인간이 "본래 그러하다"라고 넘어가고서 희로애락을 담은 온갖 작품 속에서 그 모순을 드러낸다. 하지만 과학은 본래 그렇게 태어난 이유를 붙들고 꼬치꼬치 따져든다.

그리고 그 대목에서 저자는 다른 저명한 진화론자들과 갈라선다. 다른 이들은 유전자의 이기적인 속성을 수학 기법을 통해 개체 수준까지 확장시킨 혈연 선택이라는 개념만으로 그 모순되는 성격을 다 설명할 수 있다고 말해 왔다. 하지만 저자는 그 개념이 극도로 특수한 사례에만 적용될 뿐, 일반론이 될 수 없다고 본다. 그리고 개체 수준에서 일어나는 경쟁과 집단 수준에서 일어나는 경쟁을 둘 다 고려하는 다수준 선택이야말로 인간의 모순을 설명해 줄 개념이라고 말한다. 이기적인 개인은 이타적인 개인을 이길지 모르지만, 이기적인 집단은 이타적인 집단에 진다. 그런 일이 반복되는 진화 역사를 통해, 인간은 이기적인 행동과 이타적인 행동 사이에 줄타기를 하는 모순되는 태도를 지니게 되었다는 것이다.

이 모순 덩어리가 인간의 본질이라면 그것을 떨쳐 버리고 더 나은 방향으로 나아가는 편이 낫지 않을까? 최근 점점 더 그 가능성을 손에 잡힐 듯이 제시하는 생명 공학과 인공 지능 같은 첨단 과학 기술을 이용하여? 저자는 고개를 젓는다. 그 모순이야말로 지금까지 인류 발전을 추진한 원동력이었고, 앞으로도 계속 그러할 것이라고 보기 때문이다. 그리고 그렇게 생각하는 이유를 상세히 설명한다.

더 나아가 외계에서 온 우주인이 인류를 조사하는 상황을 떠올려 보라고 말한다. 그들은 인류의 과학 기술에 경탄할까? 머나먼 시공간을 통해 지구까지 날아올 과학 기술을 지닌 이들이? 저자는 인문학이야말로 그들이 탄복하면서 매료될 대상이라고 본다. 온갖 모순되는 감정과 생각을 절묘하게 녹여낸 인문학이야말로 인류가 이룬 독창적인 성과물일 것이기 때문이다.

하지만 지금의 인문학이 다루는 희로애락은 범위가 한정되어 있다는 것도 분명하다. 인류의 모순되는 성격이 인류 문명만의 산물이 아니라, 선사 시대, 더 나아가 선행 인류와 영장류를 거쳐 지구의 모든 생물과 연결되는 지구 생물의 진화 역사 전체의 산물임을 염두에 두지 않았기 때문이다. 그래서 저자는 거의 30년 전에 운을 띄웠던 화두를 다시금 제시한다. 이제야말로 과학과 인문학이 다시금 하나가 될 때가 되었다고 말한다. 400년 전에 여건이 조성되지 않아 실패로 끝났던 계몽 운동을 부활시킬 때가 되었다고 설파한다.

저자는 우리가 왜 존재하는가라는 의문으로부터 그 주장에 이르기까지 자연스럽게 이야기를 펼친다. 강경하면서도 부드러운, 충격적이면서도 반감을 불러일으키지 않는

함축된 어조로 쓰인 『인간 존재의 의미』는 우리가 지금의 문명 발달 수준에 걸맞게 더욱 원대하고 장대한 관점을 취할 필요가 있음을 일깨워 준다.

이한음

차례

I

우리가 존재하는
이유

역사 시대는 선사 시대 없이는 거의 무의미하며, 선사 시대는 생물학 없이는 거의 무의미하다. 선사 시대와 생물학에 관한 지식은 빠르게 늘어나고 있으며, 그러면서 인류가 어떻게 기원했고 왜 이 행성에 우리 같은 종이 존재하는지도 밝혀지고 있다.

1
의미의
의미

인류는 우주에서 특별한 위치에 있을까? 우리 개인의 삶은 어떤 의미가 있을까? 나는 이런 질문들을 대답할 수 있는 검증 가능한 형태로 물을 수 있을 만큼, 우리가 우주와 우리 자신을 충분히 알았다고 믿는다. 우리는 자신의 눈으로 검은 유리 너머를 꿰뚫어볼 수 있다. "지금은 일부를 알고 있지만, 내가 온전히 알려진 것 같이 온전히 알게 되리라."라고 한 바오로의 예언이 실현되고 있다. 하지만 우리의 위치와 의미가 바오로가 기대한 식으로 드러나고 있는 것은 아니다. 전혀 그렇지 않다. 그 점을 이야기하기로 하자. 함께 추론을 해 보자.

나는 그 목표를 향해 여행을 해 보자고 제안하련다. 그리고 나를 안내인으로 삼기를 부탁드린다. 우리는 먼저 우리 종의 기원과 생물계에서 우리 종이 차지하는 위치를 살펴보는 쪽으로 길을 잡을 것이다. 앞서 내가 『지구의 정복자』에서 다른 맥락에서 살펴보았던 질문들이다. 그런 다음 자연 과학에서 인문학으로 나아갔다가 다시 자연 과학으로 돌아오는 여정을 통해서, "우리는 어디로 가고 있는가?"라는 더 어려운 문제와 가장 어려운 문제인 "왜?"라는 질문에 다가가려 한다. 나는 양대 학문 분야의 통합 가능성을 제안할 시기가 도래했다고 믿는다. 인문학은 과학을 정복할 생각을 할까? 아마 도움을 좀 받으면 그렇게 하지 않을까? 한 사람의 머리에서 나온 환상적인 이야기인 과학 소설을 여러 사람의 머리에서 나온 실제 과학에 토대를 둔 훨씬 더 다양한 신세계들로 대체하는 것은 어떨까? 시인과 시각 예술가는 평범한 꿈의 공간 너머의 현실 세계에서 미지의 차원, 깊이, 의미를 탐구할 생각을 과연 하고 있을까? 그들은 니체가 『인간적인 너무나 인간적인』에서 지식과 상상의 변경에서 어른거리는 무지갯빛이라고 말한 것의 진리를 찾는 일에 관심이 없는 것일까? 의미는 바로 그곳에서 발견될 텐데 말이다.

일상 용법에서 "의미"라는 단어는 의도를 함축하고, 의도는 설계를 함축하고, 설계는 설계자를 함축한다. 그 어떤 실체든 과정이든 단어 자체의 정의든 간에 설계자가 마음속으로 의도한 결과의 산물로서 펼쳐진다는 식이다. 이것이 바로 조직 종교, 특히 그 창세 이야기에 담긴 철학적 세계관의 핵심이다. 이 세계관은 이렇게 말한다. 인문학은 어떤 목적을 위해 존재한다. 개인이 지구에 존재하는 것도 목적이 있다. 인문학과 개인 모두 의미를 지니고 있다.

한편 "의미"라는 단어를 더 폭넓게 쓰고 거기에 전혀 다른 세계관을 담는 두 번째 용법도 있다. 설계자의 의도가 아니라, 역사적 사건들을 의미의 원천으로 삼는 방식이다. 이 용법은 고도의 설계 따위는 전혀 상정하지 않고, 대신에 물리적 인과 관계들이 겹쳐진 망을 염두에 둔다. 역사는 오로지 우주의 일반 법칙들에 따라 펼쳐진다. 각각의 사건은 무작위적이지만 뒤에 올 사건들의 확률을 바꾼다. 예를 들어 유기체의 진화가 일어날 때, 자연 선택을 통해 어느 한 적응 형질이 기원하면, 어떤 특정한 적응 형질들이 기원할 확률도 더 높아진다. 인문학을 비롯한 삶의 나머지 영역들에 빛을 비추는 이 의미 개념이 바로 과학의 세계관이다.

우주에 쓰이든 인간 조건에 쓰이든, 이 더 포괄적인 두 번째 의미는 가능한 무수한 현실들 중에서 구현된 지금 있는 현실이 진화한 과정에 담겨 있다. 시간이 흐르면서 점점 더 복잡한 생물학적 형태들과 과정들이 출현했고, 생물의 행동은 의도가 담긴 의미를 이용하는 방향으로 점점 더 나아갔다. 최초의 다세포 생물에게서 감각계와 신경계가 먼저 출현했고 이어서 구조를 갖춘 뇌를 거쳐 마지막으로 의도를 충족시키는 행동이 진화했다. 거미집을 짓는 거미는 결과를 의식하고 있든 아니든 파리를 잡으려는 의도를 갖고 있다. 그것이 바로 거미집의 의미다. 인간의 뇌는 거미의 거미집과 동일한 체제 하에서 진화했다. 인간이 내린 모든 결정은 일차적인, 의도가 담긴 의미를 지닌다. 하지만 그 결정하는 능력 자체, 그리고 그 능력이 어떻게 왜 출현했고 그럼으로써 어떤 결과가 빚어졌는지는 인간 존재의 더 폭넓은 의미, 과학에 토대를 둔 의미 하에서 바라봐야 한다.

이 결과들 중 가장 중요한 것은 가능성 있는 미래들을 상상하고 계획을 세워 그 미래들 가운데 선택을 하는 능력이다. 이 인간 특유의 능력을 얼마나 현명하게 활용하느냐는 우리의 자기 이해가 얼마나 정확한지에 달려 있다. 이와 관련해 가장 흥미로운 질문은 우리가 어떻게 왜 여기 와 있느냐 하는 것과 서로 경쟁하는 많은 미래 전망들이 어떤 의미를 지니느냐 하는 것이다.

과학과 기술의 발전으로 우리는 신이 아브라함의 손에 세상을 맡긴 이래로 가장 큰 도덕적 딜레마에 빠질 것이다. 즉 인간의 유전형을 얼마나 개량할 것인가 하는 문제가 생길 것이다. 많이? 아니면 조금? 혹은 전혀? 우리 종은 과학 기술 시대에 가장 중요한데도 아직 거의 조사한 적이 없는 한 문턱을 넘기 시작했기 때문에 어쩔 수 없이 선택을 해야 할 것이다. 우리는 의지 선택(volitional selection)을 통해 자신의 진화를 이끌고자, 우리 자신을 창조한 바로 그 과정인 자연 선택을 버리려 하고 있다. 의지 선택이란 우리가 원하는 대로 우리의 생물학적 측면들과 인간 본성을 재설계하는 과정이다. 인간의 통제력을 벗어나 있는, 아니 이해 범위를 대부분 벗어나 있는 환경의 힘들이 작용함으로써 어떤 유전자들(더 정확히 말하면 대립 유전자, 즉 동일한 유전자이기는 하지만 유전 암호가 조금씩 다른 변이 형태들)이 다른 유전자들보다 더 흔해지는 일은 더 이상 없을 것이다. 유전자와 그 형질은 우리가 선택하는 대상이 될 수 있다. 그렇다면 수명을 더 늘리고, 기억력을 더 향상시키고, 시력을 좋게 하고, 공격적인 행동을 줄이고, 뛰어난 운동 능력을 갖추고, 기분 좋은 체취를 풍기게 한다면 어떨까? 이 원하는 형질 목록은 끝없이 이어질 것이다.

생물학에서는 대개 "어떻게"와 "왜"를 생명 과정들의 "근접(proximate)" 원인과 "궁극(ultimate)" 원인으로 나누어 설명한다. 근접 설명은 이런 식이다. 우리는 손이 2개, 손가락

이 10개라서, 그것들을 갖고 이런저런 일을 한다는 것이다. 궁극적 설명은 애초에 우리가 왜 2개의 손과 10개의 손가락을 지니고 있는지, 왜 그것들로 다른 무언가가 아닌 그런 일을 하느냐 하는 것이다. 근접 설명은 해부 구조와 감정이 특정한 활동에 종사하도록 회로가 아로새겨져 있다고 말한다. 궁극적 설명은 왜 다른 회로가 아니라 그 회로가 아로새겨져 있냐는 질문에 답한다. 인간 조건을 설명하려면, 그럼으로써 인간 존재에 의미를 부여하려면, 양쪽 수준의 설명이 다 필요하다.

이 책에서 나는 우리 종의 두 번째 의미, 즉 더 폭넓은 의미를 살펴보려 한다. 나는 인류가 오로지 진화하는 동안 일련의 사건들이 누적됨으로써 생겨났다고 주장하려고 한다. 우리는 그 어떤 목표에 도달하도록 예정된 것도, 자신이 아닌 다른 어떤 힘에 부응하도록 되어 있는 것도 아니다. 신앙심이 아니라 자기 이해에 토대를 둔 지혜만이 우리를 구원할 것이다. 저 위쪽 어딘가에서 속죄를 받거나 두 번째 기회를 얻는 일도 없을 것이다. 우리는 오직 이 행성에만 거주하며 이 한 가지 의미만을 지닌다. 우리 여행이 이 단계에 들어서려면, 즉 인간 조건을 이해하려면 관습적으로 쓰는 역사의 정의보다 훨씬 더 폭넓은 정의가 필요하다.

2
인간 종의
수수께끼를 풀다

———————

현재의 인간 조건을 이해하려면, 한 종의 생물학적 진화와 그 종을 선사 시대로 들어서게 한 환경까지 살펴볼 필요가 있다. 인류를 이해한다는 이 과제는 너무나 중요하면서도 벅찬 일이기에 인문학에만 내맡길 수가 없다. 철학에서 법학, 역사학과 창작 예술에 이르기까지, 인문학의 많은 분야들은 비록 세부적으로 들여다보면 독창적이면서 절묘한 내용이 가득할지라도, 인간 본성의 어떤 특정한 측면들을 이렇게 저렇게 끝없이 조합하면서 기술해 왔다고 할 수 있다. 그러나 생각할 수 있는 수많은 본성 중에서 우리가 왜 다른 어떤 본성이 아닌 지금의 특정한 본성을 지니고 있는지를 설명한 적은 없다. 그런 의미에서 인문학은 우리 종의 존재 의미를 완전히 이해하지 못했으며, 앞으로도 그럴 가능성이 없을 것이다.

그렇다면 우리가 대답할 수 있는 질문은 기껏해야, 우리는 무엇인가? 하는 것밖에 없다. 그 원대한 수수께끼를 풀 열쇠는 우리 종을 탄생시킨 상황과 과정에 놓여 있다. 인간 조건은 역사의 산물이다. 단지 6000년에 걸친 문명의 역사가 아니라, 훨씬 더 이전까지 올라가는 수십만 년에 걸친 역사를 말한다는 점이 다를 뿐이다. 그 수수께끼의 온전한 해답을 얻기 위해서는 이 역사 전체, 즉 생물학적 진화와 문화적 진화를 솔기 없이 하나로 이은 상태에서 탐사해야 한다. 이 기간 전체로 볼 때, 인류의 역사는 우리 종이 어떻게 왜 출현하고 살아남았는지를 알아내기 위한 열쇠도 된다.

역사를 어떤 초자연적인 설계에 따라 펼쳐지는 것이라고 해석하고, 우리가 그 설계자에게 복종할 의무가 있다고 보고 싶어 하는 이들이 많이 있다. 하지만 현실 세계에 관한 지식이 늘어남에 따라, 그런 위안을 주는 해석은 점점 설 자리를 잃어 왔다. 특히 과학자와 학술지의 수를 기준으로 할 때, 과학 지식은 지난 세기에 10~20년마다 두 배씩 늘어났다. 예전의 전통적인 설명은 종교의 창세 신화를 인문학과 뒤섞어서 우리 종의 존재에 의미를 부여해 왔다. 이제는 우리 존재의 원대한 수수께끼에 관해서, 전보다 더 확실하게 근거를 갖춘 해답을 공동으로 탐구하면서 과학이 인문학에 무엇을 제공하고 인문학이 과학에 무엇을 줄지를 생각할 때가 되었다.

생물학자들은 인간의 고도로 발달한 사회적 행동이 동물계의 다른 구성원에게서 보이는 사회적 행동들과 비슷한 방식으로 기원했음을 밝혀내 왔다. 곤충에서 포유류에 이르기까지 수많은 동물들을 비교 연구한 끝에, 우리는 가장 복잡한 사회들이 진사회성(eusociality)을 통해 출현했다는 결론을 내렸다. 진사회성이란 간단히 말하면, "진정한" 사회적 조건을 의미한다. 정의상 진사회성 집단의 구성원들은 여러 세대에 걸쳐 서로 협력해 새끼를 돌본다. 또 그들은 일부 구성원이 적어도 자신의 번식 기회 중 일부를 양도해 다른 구성원의 "번식 성공률(한 평생에 걸친 번식)"을 높이는 방식으로 분업도 한다.

진사회성이 독특하다는 사실은 두 가지 방식으로 드러난다. 먼저 진사회성이 극도로 희귀하다는 것이다. 우리가 아는 한 진사회성은 지난 4억 년 동안 육지에서 진화한 수십만 가지 동물 계통 중에, 곤충, 해양 갑각류, 지하에 사는 설치류에게서 산발적으로 겨우 19번 출현했다. 우리 인류까지 포함시킨다면 20번이다. 이 숫자는 표집 오차 때문에 과소평가되었을, 아니 아예 틀렸을 가능성이 높다. 그렇기는 해도, 우리는 진사회성이 기원한 횟수가 상대적으로 매우 적었다고 확신할 수 있다.

게다가 알려져 있는 진사회성 종들은 생명의 역사에서 아주 늦게야 출현했다. 진사회성은 지금으로부터 3억 5000만~2억 5000만 년 전, 고생대에 곤충이 엄청나게 분화하면서 오늘날과 비슷한 수준의 다양성을 이루었을 때에도 출현하지 않은 듯하다. 게다가 중생대의 약 2억~1억 5000만 년 전에 최초의 흰개미와 개미가 출현하기 전까지, 진사회성 종이 살았다는 증거도 전혀 없다. 사람속(Homo) 수준의 인류는 구대륙 영장류가 수천만 년에 걸쳐 진화를 한 뒤인 아주 최근에야 출현했다.

진사회성 수준의 고도로 발달한 사회적 행동을 갖춘 종은 생태적으로 대성공을 거두었다. 진사회성이 출현한 19가지 동물 계통 중에서, 두 계통의 곤충—개미와 흰개미—은 전 세계에서 육지를 지배하는 무척추동물이 되어 있다. 알려진 100만 종이 넘는 현생 곤충 가운데 개미와 흰개미는 2만 종도 채 안 되지만, 세계 곤충의 총 무게 중 절반 이상을 차지한다.

진사회성의 역사는 한 가지 의문을 불러일으킨다. 진사회성이 그렇게 엄청난 이점을 제공한다면, 왜 이 고도로 발달한 형태의 사회적 행동이 왜 그토록 드물며, 왜 그토록 늦게야 출현했을까? 진사회성을 향한 마지막 고비를 넘을 수 있으려면, 먼저 특정한 순서로 놓여 있는 예비 단계에 해당하는 일련의 진화적 변화들을 거쳐야 하는 듯하다. 지금까지 분석된 모든 진사회성 종들에게서, 진사회성으로 나아가는 마지막 예비 단계는 보호받는 둥우리를 짓는 행동이다. 먹이를 찾아 나서고는 하는 출발점이 되는 곳이자, 새끼를 성숙할 때까지 키우는 곳이다. 둥우리는 처음에 한 마리의 암컷이나 짝지은 암수, 느슨하게 조직된 소규모 집단이 짓기 시작할 수 있다. 이 마지막 예비 단계를 넘어서면, 진사회성 군체를 형성하는 데 필요한 조건은 부모와 자식이 한 둥우리에 머물면서 함께 더 나중 세대를 키우는 일만 남는다. 그런 원시적인 집단은 위험을 무릅쓰고서 먹이를 구해오려는 개체와 위험을 회피하는 부모 및 양육자로 쉽게 나뉜다.

무엇이 한 영장류 계통을 희귀한 수준의 진사회성에 도달하도록 이끌었을까? 고생물학자들은 그 영장류가 열악한 상황에 놓여 있었다는 사실을 밝혀내 왔다. 약 200만 년 전 아프리카에서, 주로 채식을 하던 오스트랄로피테쿠스 중 한 종이 식단에서 고기의 비중을 훨씬 더 높이는 쪽으로 식성이 변하기 시작했다. 넓게 흩어져 있는 열량이 풍부한 먹잇감을 잡으려는 그 집단이 오늘날의 침팬지와 보노보가 하는 식으로 어른들과 새끼들이 느슨하게 조직된 무리를 이루어서 돌아다닌다면 수지가 맞지 않았을 것이다. 야영지(즉 둥우리)를 정한 뒤, 사냥꾼을 보내어 동물을 잡거나 죽은 동물을 찾아서 고기를 구해 와서 함께 나누어 먹을 수 있도록 하는 쪽이 더 효율적이었다. 그 대가로 사냥꾼은 야영지에서 보호를 받고 자식을 야영지에 안전하게 맡길 수 있었다.

사회심리학자들은 인류의 기원에 관해 많은 것을 말해 주는 삶을 살고 있는 수렵 채집인들을 비롯한 현생 인류를 연구함으로써, 사냥과 야영지에서 시작된 정신의 성장 과정을 추론해 왔다. 가장 중요한 역할을 한 것은 구성원들 사이의 경쟁과 협력을 촉진한 대인 관계였다. 대인 관계는 끊임없이 역동적이고 힘겨운 양상을 띠는 과정이었다. 느슨하게 조직된 무리를 이루어서 넓은 영역을 돌아다니는 대다수의 동물 사회들에서 경험하는 비슷한 유형의 관계에 비해 강도가 훨씬 셌다. 동료 구성원들의 의도를 파악하고 매순간 그들의 반응을 예측할 수 있을 만큼 뛰어난 기억력을 갖추어야 했을 뿐 아니라, 결정적으로 중요한 점은 앞으로 어떤 상호 작용이 일어날지 여러 가지 시나리오를 짜고 마음속으로 그것들을 연습하는 능력도 갖추어야 했다는 것이다.

야영지에 얽매인 선행 인류의 사회적 지능은 일종의 끝나지 않는 체스 게임으로서 진화했다. 이 진화 과정의 종착점에 와 있는 오늘날, 우리의 엄청난 기억 은행은 수월하게 작동하면서 과거, 현재, 미래를 연결한다. 그 덕분에 우리는 동맹, 유대, 성적 접촉, 경쟁, 지배, 기만, 충성심, 배신의 가능성을 내다보고 결과를 예상할 수 있다. 우리는 본능적으로 남들을 우리 자신의 내면 무대에 배역으로 등장시켜서 그들에 관한 온갖 이야기를 펼치면서 즐거워한다. 그중 가장 탁월한 것은 창작 예술, 정치 이론 등 우리가 인문학이라고 부르게 된 높은 수준의 활동들 속에서 전개된다.

이 기나긴 창조 이야기에서 결정적인 대목은 200만 년 전 원시적인 호모 하빌리스(*Homo habilis*, 또는 그와 유연관계가 가까운 종)와 함께 시작된 것이 분명하다. 하빌리스 이전의 선행 인류는 다른 동물들과 다를 바 없었다. 주로 초식성이었고, 생김새가 사람과 비슷했지만, 그들의 뇌 용량은 600cc 이하로서 침팬지와 비슷했다. 하빌리스가 출현하면서 뇌 용량은 급격히 증가하기 시작했다. 호모 하빌리스는 680cc까지 늘어났고, 호모 에렉투스(*Homo erectus*)는 900cc, 호모 사피엔스는 약 1400cc로 늘어났다. 인류 뇌의 팽창은 생명의 진화에서 복잡한 조직이 가장 급속하게 발달한 사례에 속한다.

하지만 영장류에게서 함께 모여서 협력하는 드문 일이 일어났다고 인정하는 것만으로는 커다란 뇌 용량이 제공한 현생 인류의 잠재력을 제대로 설명할 수가 없다. 진화 생물학자들은 고도의 사회적 지능을 지닌 이들의 수명을 늘리고 번식 성공률을 높인 힘들과 당시 환경의 조합이야말로 고도의 사회적 진화를 낳은 원동력이라고 여겨 왔다. 주된 힘이 무엇이었는지를 놓고 지금까지 두 이론이 계속 논쟁을 벌여 왔다. 첫 번째 진영은 혈연 선택(kin selection)을 제시한다. 개인이 방계 친족(자식 이외의 친척들)을 선호함으로써, 한 집단의 구성원 사이에 이타주의가 진화하기가 수월해졌다고 본다. 복잡한 사회적 행동은 집단 구성원이 다른 모든 구성원들에게 유익한 행동을 하는 이타주의를 통해 잃는 손해의 총합보다 다음 세대로 전달하는 유전자의 수를 통해서 얻는 이익이 더 클 때 진화할 수 있다. 개체의 생존과 번식에 미치는 종합적인 효과를 포괄 적합도(inclusive fitness)라고 하며, 그것을 토대로 진화를 설명하는 것을 포괄 적합도 이론이라고 한다.

두 번째 이론은 더 최근에 나온 것으로서, (고백하자면, 내가 그 이론의 현대판을 제시한 이들 중 한 명이다.) 다수준 선택(multilevel selection)이야말로 원동력이라고 본다. 이 이론은 자연 선택이 두 수준에서 작동한다고 받아들인다. 한 집단 내 구성원들 사이의 경쟁과 협력을 토대로 한 개체 선택(individual selection)과 집단 사이의 경쟁과 협력에서 비롯되는 집단 선택(group selection)이 그것이다. 집단 선택은 집단들이 새로운 자원을 찾고 거두기 위해 경쟁하거나 서로 격렬하게 충돌함으로써 일어날 수 있다. 다수준 선택은 진화 생물학자들 사이에서 점점 받아들여지고 있다. 혈연 선택이 거의 존재하기 어려운 특수한 조건에서만 작동할 수 있다는 수학적 증거들이 최근에 나왔기 때문이다. 또 다수준 선택은 진사회성 진화가 실제로 일어난 모든 동물 사례들에 쉽게 들어맞는 반면에, 혈연 선택은 설령 설득력이 있어 보이는 사례에서도 잘 들어맞지 않거나 전혀 들어맞지 않을 수 있다. (이 중요한 주제는 6장에서 상세히 다룰 것이다.)

개체 선택과 집단 선택의 역할은 인류의 구체적인 사회적 행동들에서 명확히 드러난다. 사람들은 주변 사람들의 행동에 시시콜콜 관심이 많다. 수렵 채집인들의 야영지에서 왕궁에 이르기까지 어디에서든 대화의 주된 주제는 뒷소문이다. 마음은 집단 내 구성원들과 외부의 소수 인물들에 관한 천변만화하는 지도라고 할 수 있다. 그 사람들 각각은 믿음, 사랑, 증오, 의심, 찬탄, 질시, 사귐의 정도에 따라서 감정과 결부되어 평가된다. 우리는 집단에 소속되거나 필요하다면 집단을 만들려는 충동을 강박적으로 느끼며, 각 집단은 다른 큰 집단에 소속되거나 서로 겹치거나 별개일 수도 있고, 또 아주 큰 것부터 아주 작은 것까지 다양하다. 거의 모든 집단은 이런저런 식으로 비슷한 부류의 집단들과 경쟁한다. 아무리 부드럽게 표현하고 관대한 어조로 말한다고 해도, 우리는 자기 집단이 더 우월하다고 생각하는 경향이 있으며, 자기 개인의 정체성을 그 집단의 구성원으로서 정의한다. 고고학적 증거로 판단할 때, 군사적 충돌을 포함해 경쟁은 먼 선사 시대부터 사회의 징표가 되어 왔다.

현재 호모 사피엔스의 생물학적 기원에 관한 주요 특징들이 점점 명확히 드러나고 있으며, 그 결과 과학과 인문학 사이에 더 생산적인 접촉이 이루어질 가능성이 높아지고 있다. 이 두 거대한 학문 분야의 수렴은 그 가능성을 깊이 따져보는 사람이 충분히 많아질 때 대단히 중요해질 것이다. 과학 쪽에서는 뇌과학, 진화 생물학, 고생물학뿐 아니라 유전학이 다른 관점에서 조명을 받을 것이다. 학생들은 기존 역사만이 아니라 선사 시대도 배울 것이고, 그 전체가 생명 세계의 가장 거대한 하나의 서사시로서 제시될 것이다.

자긍심과 겸손함은 더 균형을 이룰 것이고, 우리는 자연에서의 우리 위치를 더 진지하게 고찰하게 될 것이다. 우리는 논란의 여지가 없이 생물권의 마음이라는 고상한 지위에 올라설 것이고, 우리의 정신은 경외심을 느낄 수 있는 동시에 더욱 놀라운 상상의 도약을 이룰 수 있을 것이다. 그래도 우리는 여전히 정서, 생리, 그리고 특히 깊은 역사를 통해 얽혀 있는 지구 동식물상의 일부로 남아 있을 것이다. 이 행성이 더 나은 세계로 나아가는 일종의 정거장이라는 생각은 어리석기 그지없다. 그리고 지구를 말 그대로 인공적인 우주선으로 개조한다면, 지구는 지속 불가능한 곳이 될 것이다.

인간 존재는 우리가 생각한 것보다 더 단순할지도 모른다. 생명에는 예정된 목적도, 끝 모를 수수께끼 같은 것도 없다. 우리의 믿음을 얻고자 다투는 악마와 신도 없다. 대신에 우리는 자수성가한 독립적이고 고독하고 허약한, 생물 세계에서 살아가도록 적응한 생물 종이다. 장기 생존에 중요한 것은 오늘날의 가장 발전한 민주 사회에서 용인하는 것보다 더 높은 수준의 독립적인 사고를 토대로 하는 지적인 자기 이해다.

3

진화와 우리의
내면 갈등

    인간이 본래 선하지만 악의 세력에 넘어가서 타락하는
것일까, 아니면 죄를 지니고 태어나지만 선한 힘으로 구원
을 받는 것일까? 우리는 본래 목숨의 위험까지 무릅쓰면서
집단에 삶을 의탁하도록 되어 있을까, 아니면 정반대로 자
기 자신과 가족을 우선시하도록 되어 있을까? 지난 20년 동
안 축적된 과학적 증거의 상당수는 우리가 양쪽 성향을 함
께 지닌다는 것을 시사한다. 우리 각자는 본래 갈등하는 존
재다. 우리는 집단의 뛰어난 협력자일까, 아니면 내부 고발
자일까? 관대하게 기부를 하는 쪽일까, 꿍쳐 놓는 쪽일까?
교통 법규 위반을 인정하는 쪽일까, 부정하는 쪽일까? 이
주제를 다루자니, 내 자신의 감정 충돌을 토로하지 않고서

는 못 배기겠다. 1978년 칼 세이건(Carl Sagan)이 논픽션 부문에서 풀리처상을 받았을 때, 나는 그것이 과학자로서는 언급할 가치도 없는 사소한 업적이라고 치부했다. 그러다가 다음 해에 내가 같은 상을 받자, 놀랍게도 그 상은 과학자로서 특별히 언급할 가치가 있는 주요 저술상으로 느껴졌다.

우리는 모두 성인이자 죄인인, 진리의 수호자이자 위선자인 유전적 키메라(chimera)다. 인류가 어떤 예정된 종교적 또는 이념적 이상에 도달하지 못해서 그렇다는 것이 아니라, 우리 종이 수백만 년에 걸친 생물 진화를 통해 기원한 방식이 그렇기 때문이다.

내 말을 오해하지 말기를. 우리가 동물처럼 본능에 따라 행동한다는 말이 결코 아니다. 하지만 인간 조건을 이해하려면, 우리가 본능을 지니고 있음을 받아들여야 하며, 우리의 아주 먼 조상들까지 고려하는 편이 현명할 것이다. 가능한 한 먼 조상까지 최대한 상세히 살펴볼 필요가 있다. 역사만으로는 이 이해 수준에 도달할 수가 없다. 역사는 문자의 여명기에서 멈추며, 나머지 이야기는 고고학의 탐사 활동에 맡겨진다. 그리고 더 깊은 과거를 탐구하는 일은 고생물학의 영역이다. 진정한 인류 이야기를 하려면, 역사는 생물의 역사와 문화의 역사를 둘 다 포괄해야 한다. 생물학 쪽에서는 선행 인류의 사회적 행동을 인류 수준으로 밀어 올린 힘이 무엇인가가 수수께끼의 열쇠가 된다. 그 힘의 유력한 후보자는 다수준 선택이다. 유전되는 사회적 행동이 집단 내의 개체만이 아니라 집단 자체의 경쟁력을 향상시킬 수 있다는 것이다.

　몇몇 대중 저술가들이 곡해해 왔지만, 생물 진화가 일어날 때 자연 선택의 단위는 개별 생물도 집단도 아니었다. 유전자(더 정확히 말하자면, 같은 유전자의 서로 다른 형태인 대립 유전자)가 단위였다. 자연 선택의 표적은 유전자가 만드는 형질이다. 어떤 형질은 성격상 개별 개체 차원에 속한다. 그런 형질은 집단 안팎에서 개체들 사이에 경쟁이 벌어질 때 선택될 수 있다. 한편 집단의 다른 구성원들과 하는 사회적 상호 작용(의사소통과 협력 같은)에 관한 형질도 있으며, 그런 형질은 집단끼리의 경쟁을 통해 선택될 수 있다. 개체들 사이의 의사소통이 부족한 비협조적인 집단은 더 잘 조직된 경쟁 집단에 밀려날 것이다. 패자 집단의 유전자는 세대가 지날수록 줄어들 것이다. 집단 선택의 결과는 개미와 흰개미를 비롯한 사회성 곤충들에게서 가장 쉽게 볼 수 있지만, 인류 사회에서도 드러난다. 집단 간 선택이 개체 간 선택과 동시에 작용하는 힘이라는 개념은 새로운 것이 아니다. 찰스 다윈도 처음에 『종의 기원』에서 곤충을 이야기할 때, 그리고 나중에 『인간의 유래』에서 인간을 다룰 때, 그 선택의 역할을 올바로 추론했다.

　나는 이 문제를 오랜 세월 연구한 끝에, 집단끼리의 경쟁에서 강력한 역할을 하는 다수준 선택이 고도의 사회적 행동 ─ 인간의 사회적 행동도 포함해 ─ 을 빚어내는 주된 힘이었음을 확신하게 되었다. 사실 집단 선택된 행동의 진화적 산물이 너무나 깊이 뿌리를 내리고 있어서, 즉 철저하게 현재 인간 조건의 일부가 되어 있어서, 마치 물과 공기처럼 자연의 일부로 여기기가 쉬운 듯하다. 하지만 그 형질들은 우리 종만이 지닌 것들이다. 다른 사람에게 몹시, 강박적일 정도로까지 관심을 갖는 것도 그 형질 중 하나다. 이 성향은 아기가 태어난 지 며칠 이내에 주변에 있는 어른들의 특정한 냄새와 소리를 알아차리면서 시작된다. 심리학자들은 모든 정상적인 사람이 남의 의도를 읽는 비범한 재능을 지니고 있으며, 그럼으로써 남을 평가하고, 받아들이고, 남과 결속하고, 협력하고, 남을 험담하고, 통제를 한다는 것을 발견해 왔다. 각자는 자신의 사회 관계망을 통해 소통을 하면서, 거의 끊임없이 지난 경험을 반추하는 동시에 이런저런 미래 예측 시나리오가 어떤 결과를 빚어낼지 상상한다. 이런 유형의 사회적 지능은 많은 사회성 동물들에게 나타나며, 우리의 가장 가까운 진화적 친척인 침팬지와 보노보에게서 최고 수준에 도달해 있다.

인간 행동의 특징인, 또 하나의 유전되는 형질은 애초에 집단에 소속되려고 하는 압도적으로 강한 본능적인 충동이다. 이 충동은 대다수의 사회성 동물에게도 나타나는 것이긴 하다. 사회성 동물 개체를 강제로 홀로 지내게 하면 계속 고통에 시달릴 것이고 결국에는 미치고 말 것이다. 자신이 어느 집단 — 부족 — 의 일원인가 여부는 정체성의 큰 부분을 차지한다. 또 정도의 차이가 있기는 하지만, 집단은 구성원에게 우월감을 제공한다. 심리학자들이 자원자들을 무작위로 집단으로 나누어서 단순한 게임을 시키자, 각 집단의 구성원들은 곧 자기 집단의 구성원들이 상대편 집단의 구성원들보다 더 유능하고 더 믿을 만하다고 생각하기 시작했다. 무작위로 뽑아서 집단을 구성했음을 알고 있으면서도 그랬다.

　　모든 조건이 같을 때 (다행히도 조건이 정확히 똑같기는커녕 대강 동일한 사례도 거의 없다.) 사람들은 비슷해 보이고, 같은 사투리를 쓰고, 같은 믿음을 지닌 이들과 어울리는 쪽을 선호한다. 타고나는 것이 명백한 이 성향은 섬뜩할 만큼 너무나 쉽사리 인종차별주의와 종교적 편협함으로 확대되고는 한다. 따라서 선량한 사람이 나쁜 짓을 저지르는 일도 섬뜩할 만큼 쉽다. 나는 1930~1940년대에 미국 남부에서 자랐기에 그 점을 잘 안다.

인간 조건이 그토록 독특하고 지구 생명의 역사에서 그토록 늦게 출현한 것이 신성한 창조자의 손이 작용했음을 시사한다고 여길지도 모르겠다. 하지만 앞서 강조했듯이, 한 가지 중요한 의미에서 볼 때, 인간의 성취는 결코 독특하지 않다. 이 글을 쓰는 현재, 생물학자들은 이타적인 분업의 정도를 토대로 현생 동물 중에서 고도의 사회성을 이룬 계통을 20개 찾아냈다. 곤충 계통이 가장 많다. 해양 새우류에서도 몇몇 계통이 독자적으로 기원했고, 포유류 중에서도 세 계통이 출현했다. 아프리카의 두 두더지쥐 계통과 우리다. 모두 동일한 좁은 관문을 통과해 이 수준에 도달했다. 한 개체나 암수 한 쌍, 또는 소규모 집단이 둥우리를 짓고서, 그 둥우리를 먹이를 찾아 나서고 새끼를 성숙할 때까지 기르는 곳으로 삼는 단계를 거쳐서였다.

약 300만 년 전까지, 호모 사피엔스의 조상들은 주로 채식을 했다. 무리를 지어 이곳저곳으로 돌아다니면서 열매, 덩이뿌리 등 먹을 수 있는 식물 부위를 찾아먹었을 가능성이 높다. 그들은 현생 침팬지보다 뇌가 아주 조금 컸을 뿐이다. 하지만 그로부터 겨우 50만 년이 흘렀을 때, 우리의 조상종 집단인 호모 에렉투스는 불을 다스리면서 야영지를 꾸리고 있었다. 일종의 둥우리였다. 그들은 야영지에서 출발해 식량을 구해서 돌아오고는 했으며, 그 식량 중에는 고기가 상당한 비율을 차지했다. 그들은 뇌가 침팬지와 현생 호모 사피엔스의 중간 크기였다. 그 추세는 그보다 1만~200만 년 더 이전에 시작된 듯하다. 더 선행 인류 조상인 호모 하빌리스가 식단에 점점 더 고기를 추가하는 쪽으로 돌아섰을 무렵이었다. 집단들이 한 곳에 점점 더 많이 모이면서, 협력해 둥우리를 짓고 사냥을 하자, 한 가지 이점이 더 늘어났다. 바로 전두엽의 기억 중추와 추론 중추가 커지면서 사회적 지능이 높아졌다는 것이다.

아마 하빌리스 시대인 이 시기에, 한 집단의 일원인 개인들 사이의 경쟁에서 비롯되는 개체 수준의 선택과 집단끼리의 경쟁에서 비롯된 집단 수준 선택 사이에 계속 갈등이 빚어졌을 것이다. 후자는 모든 집단 구성원 사이의 이타성과 협력을 촉진한 힘이었다. 그 결과 그들은 집단 차원의 도덕성과 양심 및 명예심을 타고나게 되었다. 두 힘 사이의 경쟁은 다음과 같이 간결하게 표현할 수 있다. 집단 내에서는 이기적인 개인이 이타적인 개인을 이기지만, 이타주의자들의 집단은 이기적인 개인들의 집단을 이긴다. 혹은 위험을 무릅쓰고서 더 단순화하면, 개체 선택은 죄악을 부추긴 반면, 집단 선택은 미덕을 부추겼다고 할 수 있다.

그 결과 인류는 다수준 선택이라는 선사 시대에 벌어진 일 때문에 영구히 갈등하는 존재가 되었다. 인류는 자신을 빚어낸 두 극단적인 힘 사이에서 불안정하게 끊임없이 요동치는 처지에 놓여 있다. 우리가 어느 한쪽 힘을 사회적 및 정치적 불안의 이상적인 해결책으로 삼을 가능성은 적다. 개체 선택에서 비롯된 본능적인 충동에 완전히 내맡긴다면, 사회는 해체될 것이다. 반대편 극단인 집단 선택에서 비롯된 충동에 굴복한다면, 우리는 천사 같은 로봇이 될 것이다. 거대해진 개미와 다름없어질 것이다.

우리의 영원한 갈등은 신이 인류를 시험하는 것이 아니다. 악마의 음모도 아니다. 그저 본래부터 그러했을 뿐이다. 이 갈등은 우주 전체에서 인간 수준의 지능과 사회 조직이 진화할 수 있는 유일한 방식일 수도 있다. 우리는 결국에는 타고난 불안을 지닌 채 살아가고, 아마도 그것을 창의성의 주된 원천으로 여기면서 기쁨을 얻는 방법을 찾아낼 것이다.

II

지식의 통일

비록 과학과 인문학이라는 두 거대한 학문 분야가 우리 종을 기술하는 방식이 서로 근본적으로 다를지라도, 둘은 창의적 사고라는 동일한 수원에서 샘솟은 것이다.

4
새로운
계몽 운동

지금까지 우리는 인간 본성의 생물학적 기원을 살펴보았으며, 이 정보로부터 인간의 창의성이 대체로 자연 선택의 개체 수준과 집단 수준 사이의 불가피하고 필수적인 갈등을 통해 나온다는 개념을 도출했다. 이 설명에 함축된 통일성이 내가 제시한 여행의 다음 단계로 우리를 이끈다. 바로 과학과 인문학이 같은 토대 위에 서 있다는 개념이다. 특히 물리적인 인과율이 어떤 식으로든 궁극적으로 양쪽을 다 설명할 수 있다는 점에서 그렇다. 독자는 아마 이 명제를 받아들일 것이다. 서구 사회는 이미 이쪽으로 여행한 바 있다. 그것을 계몽 운동이라고 했다.

17~18세기에 계몽이라는 개념은 서구의 지식인 사회

를 지배했다. 당시에 그 개념은 거대한 힘이었다. 더 나아가 많은 이들에게는 그 운동이 인류 종의 운명처럼 보이기도 했다. 학자들은 과학 법칙으로 우주와 인류의 의미를 둘다 설명할 길을 찾은 듯했다. 당시 과학 법칙은 자연 철학이라고 했다. 계몽사상가들은 거대한 학문 분야들을 원인과 결과의 연속된 연결망으로 통일시킬 수 있다고 믿었다. 미신을 모조리 떨어내고 현실과 이성만으로 구축한다면, 모든 지식을 하나로 엮어서 계몽 운동의 선구자들 중 가장 위대한 인물인 프랜시스 베이컨(Francis Bacon)이 1620년에 "인간의 제국(the empire of man)"이라고 부른 것을 구축할 수 있다고 보았다.

계몽 운동은 인간이 전적으로 스스로 알아야 할 필요가 있는 모든 것을 알 수 있고, 앎으로써 이해할 수 있고, 이해함으로써 전보다 더 현명하게 선택할 능력을 얻는다는 믿음을 토대로 했다.

그러나 1800년대 초 무렵 그 꿈은 흔들리고 있었고 베이컨의 제국은 후퇴했다. 이유는 두 가지였다. 첫째, 비록 과학자들이 기하급수적인 속도로 발견을 거듭하고 있었지만, 더 낙관적인 계몽사상가들의 기대치를 결코 충족시키지는 못했다. 둘째, 이 미흡함에 힘입어서 역사상 가장 위대한 시인 몇 명을 비롯한 낭만주의 문예 사조의 창시자들은 계몽 세계관의 억측을 거부하고 다른 더 내밀한 차원에서 의미를 추구할 수 있었다. 과학은 사람들이 창작 예술을 통해서만 깊이 느끼고 표현하는 것을 건드릴 방법이 없었고, 앞으로도 계속 그럴 것 같았다. 많은 이들은 과학적 지식에 의존할 때 인류의 잠재력이 훼손된다고 믿게 되었고, 오늘날 그들의 계승자들도 여전히 그렇게 믿고 있다.

그 뒤로 2세기를 거쳐 현재에 이르기까지, 과학과 인문학은 각자의 길을 걸어 왔다. 물론 물리학자들은 전과 다름없이 현악 사중주의 연주를 계속 즐겁게 감상하며, 소설가도 과학이 밝혀낸 경이들을 보면서 경탄한 책을 쓴다. 하지만 대다수는 두 문화—20세기 중반에 붙여진 명칭—가 마음에 새겨진, 아마도 존재 자체의 특성에 내재된 영구적인 협곡을 통해 분리되어 있다고 생각했다.

아무튼 계몽 운동이 이운 그 기나긴 기간에는 아예 통일을 생각할 여지가 없었다. 불어나는 정보의 홍수에 발맞추어, 과학 분야들은 거의 세균이 증식하는 속도로 전문 분야들로 빠르게 분열해 왔다. 시간이 흐를수록 점점 더 급속히 불어나는 식이다. 창작 예술도 나름대로 탁월하면서 독창적인 방식으로 인간의 상상을 표현하면서 계속 번성해 왔다. 그러나 구태의연하고 가망 없는 철학적 탐구라고 인식된 것을 부활시키는 일에는 양쪽 다 거의 관심이 없었다.

그렇기는 해도 계몽 운동이 결코 불가능하다고 입증된 것은 아니었다. 계몽 운동은 죽지 않았다. 단지 중단되었을 뿐이다.

지금 그 탐구를 재개하는 것이 과연 가치가 있을까? 그리고 성공할 가능성이 조금이라도 있을까? 있다. 무엇보다도 계몽 운동이 처음 꽃을 피웠을 때보다 더 많은 것이 알려져 있어서 성공 가능성이 더 높아졌기 때문이다. 그리고 현대 생활의 수많은 문제들이 경쟁하는 종교들의 충돌, 도덕적 추론의 애매함, 환경보호론의 미흡한 토대, (크나큰 문제인) 인류 자체의 의미 같은 문제들을 해결해야만 비로소 해결이 가능해지기 때문이기도 하다.

과학과 인문학의 관계 연구는 어디에서든 간에 과학도와 인문학도 모두를 위한 교양 교육의 핵심에 놓여야 한다. 물론 쉽지는 않을 것이다. 저마다 영지를 차지하고 있는 각 학문 분야와 전문 분야마다 받아들이고 있는 이념과 절차가 크게 다르다. 서구의 지성 사회는 강경한 전문가들이 지배하고 있다. 한 예로 내가 40년 동안 가르치고 있는 하버드 대학교에서 새 교수를 뽑는 주된 기준은 한 전문 분야에서 탁월한가, 또는 탁월해질 가능성이 높은가 여부다. 먼저 학과 차원의 추천 위원회에서 후보자들을 면밀하게 검토한 다음, 문리대 학장에게 추천한다. 이어서 총장이 대학교 안팎의 인사들로 특별 위원회를 구성해 검토를 거친 뒤 최종 결정을 내린다. 이 전체 과정에서 핵심 질문은 이렇다. "후보자가 자기 연구 분야에서 세계 최고인가?" 학생을 가르칠 능력이라는 측면은 거의 언제나 두루뭉술하게 넘어간다. "능력이 충분한가?" 이 절차의 밑바탕에는 전반적으로 그런 세계적인 수준의 전문가들이 충분히 모이면 어떤 식으로든 뭉쳐서 학생들과 재정 후원자들을 끌어들일 일종의 지적인 초유기체가 된다는 생각이 담겨 있다.

창의적 생각의 초기 단계들, 중요한 의미가 있는 단계들에 들어서는 과정은 어느 한 전문 분야의 조각그림 퍼즐 맞추기 같은 연구를 통해 이루어지는 것이 아니다. 가장 성공한 과학자는 시인처럼 생각하고—폭넓게, 때로는 환상적으로—경리 직원처럼 일한다. 세상에 보이는 것은 후자의 모습이다. 학술지에 논문을 쓰거나 학술 대회에서 동료 전문가들 앞에서 발표할 때, 과학자는 은유를 피한다. 미사여구나 시적인 표현을 쓴다는 비아냥거림을 받지 않기 위해 신중을 기한다. 그런 함축적인 단어를 극소수 쓸 수도 있지만, 서론 부분과 제시한 자료를 토의하는 부분에만 국한해 쓰며, 전문적인 학술 개념의 의미를 명확히 하기 위해 덧붙이기도 하지만, 감정을 자극하는 것을 주된 목적으로 삼아서 쓰는 일은 결코 없다. 언제나 논문 저자는 제시할 수 있는 사실에 토대를 둔 논리적이고 절제된 언어를 써야 한다.

시를 비롯한 창작 예술은 정반대다. 어디에서든 은유가 가득하다. 창의적인 작가, 작곡가, 시각 예술가는 실제로 있거나 상상한 무언가에 관해 환기시키고자 자신의 지각과 느낌을 때로 추상화하거나 일부러 왜곡시킴으로써 전달한다. 어떤 진리나 인간의 경험을 독창적인 방식으로 보여 주고자 애쓴다. 자신이 인간의 경험이라는 통로를 통해 직접 창작한 것을 자신의 마음에서 상대방의 마음으로 전달하려 애쓴다. 그의 작품은 은유의 힘과 아름다움을 통해 판단된다. 그는 피카소가 말했다는 격언을 따른다. 예술은 진리를 보여 주는 거짓말이라는 것이다.

창작 예술과 그것을 분석하는 상당수의 인문학은 널리 탐색을 하고 때로 충격적인 효과를 일으키지만, 그럼에도 한 가지 중요한 의미에서 볼 때 그저 똑같은 주제, 똑같은 원형, 똑같은 감정을 다루는 똑같은 오래된 이야기일 뿐이다. 물론 우리 독자들은 개의치 않는다. 우리는 인간중심주의에 중독되어 있다. 자기 자신과 동족인 인간들에게 한없이 빠져들도록 되어 있다. 최고의 교육을 받은 사람조차도 호모 사피엔스를 특징짓는 비교적 좁은 범위의 감정들 중 한두 가지를 자극하도록 고안된 뒷소문이나 소설, 영화, 음악회, 운동 경기를 입맛에 맞게 골라서 즐기며 산다. 동물을 다룬 이야기를 쓰려면, 진부하기 그지없는 인간 본성의 안내서들에 실려 있는 쉽게 알아볼 수 있는 인간 같은 감정과 행동을 부여해야 한다. 우리는 다른 사람들에 관해 아이들에게 가르치기 위해, 호랑이 같은 사나운 포식자의 캐리커처까지도 포함해 귀여운 동물 캐리커처를 이용한다.

우리는 지칠 줄 모르는 호기심을 지닌 종이다. 호기심의 대상이 자기 자신과 자신이 알거나 알게 될 가능성이 있는 사람들이기만 하다면 그렇다. 그 행동은 영장류 가계도의 진화에서 우리 종을 넘어서 더 멀리까지 거슬러 올라간다. 한 예로, 우리에 갇힌 원숭이들에게 바깥의 다양한 대상들을 지켜볼 수 있도록 했을 때, 그들의 시선이 가장 먼저 향한 곳은 다른 원숭이들이었다.

인간중심주의 — 우리 자신에게 매료되는 습성 — 의 기능은 사회적 지능을 갈고닦는 것이다. 인간은 그 기능 면에서 지구의 모든 종 가운데 가장 뛰어나다. 그 습성은 아프리카에서 선행 인류인 오스트랄로피테쿠스로부터 호모 사피엔스가 출현하는 동안, 대뇌피질이 진화할 때 함께 극적으로 출현했다. 뒷소문, 유명인 숭배, 전기, 소설, 전쟁 이야기, 스포츠가 현대 문화의 일부가 되어 있는 이유는 남들에게 열중하는, 심지어 강박적으로 집중하는 상태가 늘 개인과 집단의 생존에 기여해 왔기 때문이다. 우리가 이야기에 몰입하는 이유는 마음이 바로 그런 식으로 작동하기 때문이다. 마음은 과거의 시나리오들과 미래의 대안 시나리오들을 끝없이 방랑한다.

고대 그리스의 신들이 지켜보고 있다면, 우리가 희극과 비극에서 보는 식으로 인간의 실수를 지켜보겠지만, 그들은 우리의 약점을 다윈주의적 필연성에 따라 우리에게 강제로 떠맡겨진 결함으로 봄으로써 우리에게 공감할지도 모른다. 신들과 그들의 인간 꼭두각시는 사람이 새끼 고양이가 노는 것을 지켜보는 광경과 비슷한 점이 있다. 새끼 고양이는 포식자로서의 장래 역할에 걸맞은 세 가지 기본 책략을 쓴다. 질질 끌리는 끈에 살금살금 다가가서 뛰어오르는 행동은 생쥐를 잡는 연습이다. 끈 위로 뛰어올라서 양쪽 발로 붙잡는 행동은 새를 잡기 위한 연습이다. 발 근처의 끈을 떠내는 것 같은 행동은 발로 물고기나 작은 먹이를 잡기 위한 연습이다. 새끼 고양이의 모든 행동은 우리에게는 그저 재미있는 광경일 뿐이지만, 그들에게는 생존 기능을 갈고닦는 데 대단히 중요한 역할을 한다.

과학은 현실 세계에 관한 지식을 생성하기 위해, 부분적인 증거와 상상을 토대로 서로 경쟁 관계에 있는 가설들을 세우고 검증한다. 종교나 이념에 기대지 않고 오로지 사실에만 의존한다. 과학은 인간 존재를 둘러싼 열띤 논쟁의 장을 뚫고 나아간다. 물론 과학이 그런 속성을 지니고 있다는 사실을 익히 들어보았을 것이다. 하지만 과학은 인문학과 구별되는 또 다른 속성들도 지니고 있다. 가장 중요한 것은 연속체(continuum)라는 개념이다. 실체와 과정의 변이가 일차원, 이차원, 혹은 그 이상의 차원에서 연속적으로 일어난다는 개념은 대부분의 물리학과 화학에서 너무나 흔해서 굳이 언급할 필요가 없을 정도다. 온도, 속도, 질량, 파장, 입자 스핀, pH, 탄소 화합물 같은 친숙한 것들에서도 연속성을 띤 기울기가 나타난다. 분자 생물학에서는 연속체가 눈에 덜 띈다. 구조상의 겨우 몇 가지의 기본 변이 형태로 세포의 기능과 증식을 설명할 수 있기 때문이다. 그러다가 수많은 종들이 각자의 환경에 맞게 어떤 식으로 적응했는지를 연구하는 진화 생물학과 진화 기반의 생태학으로 들어가면, 연속체 개념은 강력한 모습으로 다시 나타난다. 그리고 외계 행성 연구에서도 더욱 화려하면서 극적인 양상으로 펼쳐진다.

2013년 방향 조정 장치가 고장 나면서 일부 작동이 중단되기 전까지, 케플러 우주 망원경은 외계 행성을 약 900개 찾아냈다. 태양계의 다른 행성에 근접 비행을 하고 연착륙을 하는 모습을 당연한 듯이 여기는 지금 세대들에게도 케플러가 찍은 영상은 놀랍기 그지없다. 또 그 영상은 뱃사람이 아무도 산 적이 없었을 신대륙의 해안선을 처음 보고서 "육지, 육지다!" 하고 소리치는 것에 맞먹는 대단히 중요한 의미를 지니고 있다. 은하수에는 약 1000억 개의 행성계가 있다고 추정되며, 천문학자들은 모든 행성계에 평균적으로 적어도 행성이 하나는 있을 것이라고 믿는다. 그 행성 중에 낮지만 상당한 비율로 생명체를 품은 것들도 있을 가능성이 높다. 설령 극도로 혹독한 조건에서 살아가는 미생물들만이 있다고 할지라도 말이다.

은하수의 외계 행성들(다른 행성계에 있는 행성들)은 연속체를 이루고 있다. 천문학자들은 외계 행성들이 예전에 상상했던 것보다 훨씬 더 다양하다는 사실을 새롭게 관찰하거나 적어도 그렇다고 추론하고 있다. 목성이나 토성을 닮은 거대한 가스행성도 있으며, 목성보다 훨씬 더 거대한 것도 있다. 한편 우리 지구와 비슷하게 자기 항성에서 생명을 지탱할 만큼 적절한 거리에서 궤도를 도는 더 작은 암석형 행성도 있다. 그런 행성은 다른 거리에 있는 암석형 행성(태양에 치명적일 만큼 가까이 있는 수성과 금성이나 치명적일 정도로 멀리 떨어져 있는 해왕성 같은)과 근본적으로 다르다. 자전을 하지 않는 행성도 있고, 항성에 가까이 접근했다가 아주 멀리까지 날아가는 타원형 궤도를 도는 행성도 있다. 항성의 인력을 벗어나서 외계 공간을 떠돌아다니는 고아 행성도 있을 것이다. 외계 행성 중에는 달을 하나 이상 지닌 것도 있다. 그들은 크기, 거리, 궤도 면에서 큰 폭으로 연속적인 변이를 보일뿐더러, 어떤 식으로 기원했느냐에 따라 행성과 달의 몸체와 대기의 화학적 조성에도 연속적인 변이가 나타난다.

천문학자들도 과학자인 동시에 보통 사람이므로, 다른 이들 못지않게 자신이 발견한 것에 경외심을 느낀다. 그들이 발견한 사실들은 지구가 우주의 중심이 아님을 확인해준다. 우리는 코페르니쿠스와 갈릴레오 이래로 그 사실을 알고 있었지만, 중심에서 얼마나 멀리 떨어져 있는지는 상상하기가 어려웠다.

우리가 고향이라고 말하는 작은 파란 점은 우주의 수천억 개에 이르는 은하 중 하나인 우리 은하수의 가장자리에 놓인 티끌이나 다름없다. 우리가 이제야 겨우 이해하기 시작한 행성, 달, 행성형 천체들의 연속체에서 한 자리를 차지하고 있을 뿐이다. 그 점을 염두에 둔다면, 우주에서 우리의 지위를 말할 때 우리는 겸손해질 수밖에 없다. 비유를 하나 들어보자. 우주에서 볼 때 지구는 오늘 오후 몇 시간 동안 뉴저지 주 티넥의 한 정원에서 꽃잎 하나 위에 앉아 있는 진딧물 한 마리의 왼쪽 더듬이 두 번째 마디와 같다.

이 식물학과 곤충학이 잠시 뇌리를 스치는 순간을 기회

로 삼아, 다른 연속체도 언급해 보자. 바로 지구 생물권에 있는 생명의 다양성이다. 이 글을 쓰고 있는 현재(2013년), 지구에 살고 있다고 알려진 식물은 27만 3000종이며, 야외 조사가 더 많이 이루어진다면 30만 종까지 늘어날 것으로 예상된다. 식물, 동물, 균류, 미생물까지 더해서 지금까지 알려진 지구 생물은 약 200만 종이다. 알려진 것과 아직 알려지지 않은 것을 더한 실제 종수는 적어도 그보다 3배 이상으로 추정된다. 해마다 약 2만 종이 새로 기재되고 있다. 아직 탐사가 덜 된 열대림, 산호초, 해산, 심해저의 미지의 산맥과 골짜기 등을 더 상세히 조사함에 따라, 새로운 종들이 기입되는 속도는 더 증가할 것이 확실하다. 극도로 작은 생물을 연구하는 데 필요한 기술이 점점 더 널리 쓰이고 있으므로, 거의 알려지지 않았던 미생물 세계도 탐사가 이루어지면서 새로 기재되는 종의 수는 더욱 빨리 늘어날 것이다. 지표면의 어디에서든 눈에 띄지 않은 채 우글거리고 있는 기이한 새로운 세균, 고세균, 바이러스, 피코동물(picozoa, 2013년에 바다에서 발견된 미세한 단세포 진핵생물 문―옮긴이)도 알려지게 될 것이다.

종의 전수 조사가 진행되면서, 생물 다양성의 다른 연속체들도 파악되고 있다. 각 생물 종의 독특한 생물학과 그것을 빚어낸 파란만장한 기나긴 진화 과정도 그렇다. 12차수에 걸친 생물 크기의 기울기도 그 최종 산물의 일부다. 크기의 연속체는 대왕고래와 아프리카코끼리에서 대단히 풍부한 광합성 세균과 바다의 청소부인 피코동물에 이르기까지 걸쳐 있다. 피코동물은 너무나 작아서 일반 광학 현미경으로는 연구할 수가 없다.

　과학이 밝혀낸 모든 연속체 중 인문학과 가장 관련 깊은 것은 감각이다. 우리 종의 감각은 극도로 제한되어 있다. 호모 사피엔스의 시각은 전자기 스펙트럼의 400~700나노미터 영역에 속한 극도로 좁은 에너지 영역을 감지하는 데 달려 있다. 우주에 충만한 그 스펙트럼의 나머지 부분은 인간의 시세포가 감지하는 것보다 파장이 수조 배 더 짧은 감마선부터 수조 배 더 긴 전파에 이르기까지 걸쳐 있다. 동물들도 각자 그 연속체의 극히 좁은 영역에서만 살아간다. 한 예로 나비는 400나노미터 이하의 파장에서 꽃잎에 반사되는 자외선 패턴을 보고서 꽃의 꽃가루와 꿀을 찾는다. 우리 눈에는 보이지 않는 색깔과 무늬다. 우리 눈에는 꽃이 노란색과 붉은색으로 보이지만, 곤충에게는 흑백의 점들과 동심원들이 늘어선 형태로 보인다.

　건강한 사람들은 자신이 거의 모든 소리를 들을 수 있다고 직관적으로 믿는다. 하지만 우리 종은 20~2만 헤르츠(초당 공기가 주기적으로 압축되는 횟수)의 소리만을 검출하도록 되어 있다. 밤에 날아다니는 박쥐는 그 범위 위쪽에서 초음파를 공중으로 쏘아서 장애물에 부딪혀 돌아오는 메아리를 듣고서 날아다니는 나방이나 곤충을 낚아챈다. 코끼리는 인간의 청력 범위 아래쪽에서 무리의 일원들과 복잡한 대화를 주고받는다. 우리는 뉴욕의 거리를 거의 아무런 해석을 할 수 없는 몇몇 진동만을 느끼면서 걷고 있는 귀가 먼 사람처럼, 자연을 돌아다니는 셈이다.

인간은 지구의 모든 동물 가운데 후각이 가장 약한 축에 들며, 너무나 약하기에 후각을 표현하는 어휘도 빈약하기 그지없다. 대신 "레몬 냄새 같다", "신 냄새가 난다", "썩은 냄새가 난다" 같은 직유법에 심하게 의존한다. 대조적으로 세균에서 뱀과 늑대에 이르기까지 다른 대다수의 생물들은 후각과 미각에 의존해 살아간다. 우리는 사람을 추적하거나, 폭발물 같은 위험한 화학 물질의 가장 미약한 흔적을 검출하고자 할 때, 후각 세계로 우리를 안내할 훈련된 개의 정교한 후각에 의존한다.

또 우리 종은 장치를 쓰지 않으면 특정한 종류의 자극들을 거의 전혀 알아차리지 못한다. 우리는 따끔거림, 충격, 불빛을 통해서만 전기를 검출한다. 대조적으로 앞이 보이지 않는 탁한 물에 사는 여러 민물 장어, 메기, 코끼리코고기(elephant-nose fish)는 전기의 세계에서 살아간다. 그들은 진화를 통해 유기물 전지로 변형된 몸통 근육 조직을 이용해 몸 주변에 전기장을 생성한다. 전기장이 방해를 받을 때 생기는 일종의 전기 음영을 토대로 이들은 장애물을 피하고, 먹이를 찾고, 같은 종의 일원끼리 의사소통한다. 인간의 감각 범위를 넘어선 또 하나의 환경 부분은 지구의 자기장이다. 일부 철새들은 이 자기장을 이용해 기나긴 여행 중 방향을 잡는다.

연속체들을 탐구함으로써 인류는 우리 자신과 우리의 작은 행성이 속한 크기, 거리, 양의 극미 영역에서부터 실제 우주의 차원을 헤아릴 수 있다. 이 과학적 탐사는 이전에 예상하지 못한 현상들을 찾아낼 곳이 있으며, 측정 가능한 인과적 설명의 그물을 통해 현실 전체를 지각할 방법이 있음을 시사한다. 해당 연속체 — 일반적으로 각 계에서 변수가 되는 연속체 — 에서 각 현상이 어디에 놓이는지를 앎으로써, 우리는 화성 표면의 화학을 파악해 왔다. 또 우리는 최초의 사지류가 언제 어떻게 연못에서 뭍으로 기어 나왔는지도 대강 안다. 물리학의 통일 이론을 통해서 거의 무한히 작은 세계와 거의 무한히 큰 세계의 조건을 둘 다 예측한다. 또 의식적인 생각을 할 때 인간의 뇌에서 활동하는 신경 세포와 피의 흐름도 지켜볼 수 있다. 머지않아, 적어도 수십 년 이내에 우리는 우주의 암흑 물질, 지구 생명의 기원, 감정과 생각이 끝없이 변화하고 있는 와중에도 유지되고 있는 인간 의식의 물리적 토대도 설명할 수 있게 될 것이다. 보이지 않던 것을 보고, 극도로 작은 질량을 잴 수 있게 될 것이다.

그렇다면 과학 지식의 이 폭발적인 성장은 인문학과 어떤 관계가 있을까? 모든 면에서 관계가 있다. 과학과 기술은 인류의 위치를 점점 더 정확히 밝혀내고 있다. 이곳 지구에서만이 아니라 그 너머 우주 전체에서의 위치까지도 말이다. 우리는 이곳에서든 다른 어느 행성에서든 간에 인간 수준의 지능을 갖춘 종을 배출할 만한 관련된 연속체들의 각각에서 미시적인 공간을 점유하고 있는 존재다. 점점 더 원시적인 생명체로 점점 더 거슬러 올라가면서 추적해 밝혀낸 우리의 조상 종들은 진화의 미로를 어찌어찌 헤치고 나아온 운 좋은 승자들이다.

우리는 아주 특별한 종, 원한다면 선택된 종이라고 말할 수도 있겠지만, 인문학은 그 자체로는 왜 그러한지 이유를 설명할 수가 없다. 인문학은 답할 수 있는 방식으로 질문을 제기하지도 않는다. 그들은 자그마한 인지 상자에 갇힌 채, 연속체에서 자신들이 아는 자그마한 영역을 끝없이 세세하게 이렇게 저렇게 조합을 하고 또 하면서 찬미한다. 그 자그마한 영역에 머무는 한, 우리가 근본적으로 지닌 형질들—우리가 자랑하는 본능들, 적당한 수준의 지능, 위험할 만치 한정된 지혜, 심지어 비판가들이 주장할 과학의 오만불손함—의 기원은 규명하지 못한다.

첫 번째 계몽 운동은 과학과 인문학이 공생이 실현 가능해 보일 만치 초보적인 단계에 있던 400여 년 전에 일어났다. 그 운동은 15세기 말부터 서유럽이 세계의 항로를 개척함으로써 가능해졌다. 아프리카를 돌아서 신대륙을 발견함으로써 새로운 세계적인 교역로가 열리고 무력 정복이 이어졌다. 새롭게 세계가 하나로 이어지자, 인류는 지식과 발명을 장려하는 역사적 전환점을 돌게 되었다. 현재 우리는 새로운 탐험의 주기에 들어섰다. 무한히 더 풍성하고 그에 상응해 도전거리가 더 많으며, 또 우연의 일치라고 할 수 없는, 점점 더 인본주의적으로 나아가는 탐험이다. 그리고 그 탐험은 마침내 계몽 운동의 꿈을 실현시키기 시작하는 방식으로 우리 존재를 표현하게 될 진지한 창작 예술과 인문학이 이끌게 될 것이다.

5
없어서는
안 될 인문학

근거 자료를 중시하는 생물학자가 이런 말을 하니 좀 이상하다고 생각할지 모르겠지만, 나는 과학 소설에 등장하는 외계인이 한 가지 중요한 방식으로 우리에게 도움을 준다고 믿는다. 그들은 우리 자신의 조건을 더 잘 성찰할 수 있게 해 준다. 과학이 허용하는 만큼 철저히 설득력 있게 지어낸 외계인은 우리 자신의 미래를 예측하는 데 기여할 수 있다. 나는 진짜 외계인이라면 우리에게 주목할 가치가 있는 한 가지 핵심 자원을 우리 종이 지니고 있다고 말해 줄 것이라고 믿는다. 우리의 과학과 기술이라고 생각할지도 모르겠다. 하지만 그렇지 않다. 바로 인문학이다.

상상이기는 하지만 그럴 듯한 이 외계인은 우리 종을

기쁘게 하거나 고취시킬 생각은 전혀 하지 않는다. 그들은 우리에게 호의적이다. 우리가 세렝게티에서 풀을 뜯거나 살금살금 다가가고 있는 야생 동물들에게 그렇듯이 말이다. 그들의 임무는 이 행성에서 문명을 일군 유일한 종으로부터 얻을 수 있는 모든 것을 알아내는 것이다. 우리 과학의 비밀을 알아내는 것이라고? 아니, 결코 그렇지 않다. 우리는 그들에게 가르칠 것이 전혀 없다. 과학이라고 말할 수 있는 거의 모든 것이 역사가 500년도 채 안 되었다는 점을 명심하자. 겨우 지난 2세기 사이에 10~20년마다 과학 지식이 대략 두 배씩 늘면서 급속히 발전해 온 분야들(물리 화학과 세포 생물학 같은)도 있으므로, 우리가 아는 지식은 지질학적 기준에서 보면 막 생겨난 것들이라고 할 수 있다. 기술의 응용도 진화의 초기 단계에 있다. 인류가 지금의 세계적으로 초연결된 과학 기술 시대에 들어선 것은 겨우 20년 전이었다. 우주에 있는 별의 메시지로 보면 눈 깜박할 사이도 안 된다. 수십억 년이라는 은하수의 나이를 고려해, 지극히 우연히 외계인이 수백만 년 전에 아직 유아기에 있는 현재의 지구에 도착했다고 하자. 아니 그 일이 수억 년 전에 일어났을 수도 있다. 그렇다면 우리가 외계 방문자에게 가르쳐줄 수 있는 것이 뭐가 있겠는가? 달리 말하자면, 아기인 아인슈타인이 물리학 교수에게 무엇을 가르칠 수 있을까?

아무것도 가르칠 수 없다. 같은 이유로 우리 기술은 대단히 열등할 것이다. 그렇지 않다면, 우리가 외계 방문자이고 그들이 행성 원주민인 상황이 벌어졌을 것이다.

그렇다면 가상의 외계인이 우리로부터 배울 만한 것, 그들이 가치 있다고 여길 만한 것이 뭐가 있을까? 정답은 인문학이다. 예전에 머리 겔만(Murray Gell-Mann)은 자신이 개척한 분야인 이론 물리학이 소수의 법칙과 아주 많은 사건들로 이루어진다고 했다. 모든 과학에도 똑같은 말이 적용되며, 한층 더 그렇다. 생명은 35억여 년 전에 기원했다. 그 뒤로 원시 생물이 미생물, 균류, 식물, 동물 종으로 다양화한 과정은 일어날 수 있는 거의 무한히 많은 역사들 중에서 일어난 단 하나의 역사다. 외계 방문자는 탐사 로봇과 진화 생물학 원리를 통해 그 점을 알고 있었을 것이다. 물론 그들은 석송, 암모나이트, 공룡 같은 주요 집단들의 흥망성쇠, 대체, 멸종으로 이루어진 지구 생명 진화의 전체 역사를 즉시 파악하지는 못할 것이다. 하지만 대단히 효율적인 야외 조사와 DNA 서열 분석 및 단백질체 분석 기술을 갖춘 그들은 곧 현재의 지구 동물상, 그 조상들의 특성과 생존 연대를 파악하고, 생명 진화사의 시공간적 패턴을 계산할 것이다. 모두 과학으로 해결할 수 있다. 외계인들은 곧 과학이라고 하는 우리가 아는 모든 것을 알게 될 것이고, 더 나아가 우리가 아예 존재하지 않았다면 지구가 어떠했을지도 알게 될 것이다.

지난 약 10만 년의 인류 역사 동안 매우 유사한 방식으로, 소수의 원형 문화가 생겨난 뒤, 수천 개의 딸 문화들이 출현하는 양상이 펼쳐졌다. 이 문화들 중 상당수는 지금도 존속하고 있으며, 각각은 나름의 언어나 방언, 종교 신앙, 사회적 및 경제적 관습을 지닌다. 지질 시대에 살았던 동식물 종들처럼, 그 문화들도 홀로 계속 진화하거나 두 문화로 나뉘거나 일부 융합되기도 했을 것이다. 방금 전에 사라진 문화도 있을 것이다. 현재 전 세계에서 쓰이는 약 7000가지의 언어 가운데, 28퍼센트는 쓰는 사람이 1000명도 채 안 되며, 473가지는 노인 몇 명만이 쓰고 있기에 멸종 직전에 놓여 있다. 이런 식으로 파악했을 때, 기록된 역사와 그 이전의 선사 시대는 생명 진화 과정에서 종이 형성되는 것과 비슷하게 천변만화하는 양상을 띤다. 하지만 몇 가지 주된 차이점이 있다.

문화적 진화는 오로지 인간 뇌의 산물이라는 점에서 다르다. 그 뇌는 유전자-문화 공진화(유전적 진화와 문화적 진화가 서로의 궤적에 영향을 미치는)라는 아주 특수한 형태의 자연 선택을 통해 선행 인류 시대와 구석기 시대에 걸쳐 진화한 기관이다. 주로 전두엽의 기억 은행에 의지하는 인간 뇌의 독특한 능력은 200만~300만 년 전 호모 하빌리스 때부터 그 후손인 호모 사피엔스가 6만 년 전 전 세계로 퍼질 무렵에 걸쳐 출현했다. 우리가 지금 으레 하듯이 안에서 밖을 내다보는 식으로가 아니라, 바깥에서 들여다봄으로써 문화적 진화를 이해하려면, 인간 마음의 모든 복잡한 감정과 구조를 해석해야 한다. 그러려면 사람들과 긴밀하게 접촉하면서 무수한 개인사를 알아내야 한다. 생각이 어떤 식으로 기호나 인공물로 번역되는지를 살펴보아야 한다. 이 모든 것이 바로 인문학이 하는 일이다. 인문학은 문화의 자연사이며, 우리의 가장 내밀하면서 소중한 유산이다.

인문학이 소중한 또 한 가지 중요한 이유가 있다. 과학적 발견과 기술 발전은 일종의 한살이를 거친다. 엄청난 규모와 상상할 수도 없는 수준의 복잡성에 이르렀다가, 발전 속도가 느려지면서 훨씬 더 서서히 성장이 일어나는 안정화 단계에 접어드는 양상을 띠고는 한다. 내가 논문을 발표하는 과학자로서 지낸 반세기 동안, 연간 연구자 1인당 과학적 발견 횟수는 급격히 줄어들어 왔다. 대신 연구진의 규모는 점점 커져 왔고, 지금은 10명 이상의 연구자가 공동으로 학술 논문을 발표하는 일이 흔해졌다. 대다수의 분야에서 과학적 발견을 하는 데 필요한 기술은 점점 더 복잡해지고 비싸져 왔으며, 과학 연구에 필요한 기술과 통계 분석

기법도 점점 더 고도화해 왔다.

걱정할 필요는 없다. 금세기에 벌어질 가능성이 높은, 발전 속도가 느려지는 일이 시작될 무렵이면, 과학과 첨단 기술은 지금보다 훨씬 더 널리 퍼져 있으면서 유익한 역할을 하고 있을 것이다. 하지만 — 그리고 바로 이 점이 가장 중요한데 — 과학과 기술은 모든 문명사회, 하위문화, 사람을 가릴 것 없이 어디에서든 똑같은 모습일 것이다. 스웨덴, 미국, 부탄, 짐바브웨는 똑같은 정보를 공유할 것이다. 계속 거의 무한정 진화하면서 다양해질 쪽은 인문학이다.

앞으로 수십 년 사이에, 가장 주된 기술 발전은 흔히 BNR라고 부르는 분야에서 일어날 가능성이 높다. 생명 공학(biotechnology), 나노 기술(nanotechnology), 로봇학(robotics) 분야다. 현재 순수 과학 분야에서 세속적인 성배를 찾는 일은 생명의 기원 과정을 추론하고, 인공 생물을 만들어 내고, 유전체를 치환하고 유전체의 특정 부위를 정확히 찾아내어 바꾸고, 의식의 물리적 특성을 찾아내고, 특히 대다수의 블루칼라와 화이트칼라 인간 노동자보다 더 효율적으로 일하고 더 빨리 생각할 수 있는 로봇을 만드는 등의 더욱 폭넓은 변경에서 이루어지고 있다. 현재 이런 발전은 과학 소설의 영역에 속해 있다. 하지만 머지않았다. 수십 년 안에 그런 일들은 현실이 될 것이다.

그리고 이미 모든 패는 다 드러나 있다. 첫 번째 의제로 제시된 것 중 하나는 유전병의 원인으로 밝혀진 희귀한 돌연변이 대립 유전자가 있는 1000여 개의 유전자를 고친다는 것이다. 아마 돌연변이 대립 유전자를 정상 대립 유전자로 대체하는 유전자 치환이 방법으로 선택될 것이다. 비록 아직 대체로 검증이 안 된 유아기에 있기는 하지만, 그 방법은 궁극적으로 배아의 염색체 구조와 유전 암호를 분석해 장애나 사망 가능성이 높을 때 치료 차원에서 낙태를 하는 데 쓰이는 양수 검사를 대체할 수 있다. 많은 사람이 치료적 유산을 반대하지만, 과연 유전자 치환에도 많은 이들이 반대할지는 의심스럽다. 유전자 치환을 결함 있는 심장 판막이나 병에 걸린 콩팥을 대체하는 수술과 비교해 보라.

비록 인과 관계로 따지면 간접적이기는 하지만, 더욱 발전된 형태의 의지적 진화(volitional evolution)가 하나 있는데, 바로 이민과 인종 간 혼인의 증가로 세계 인구가 균질화하는 현상이다. 이 균질화로 호모 사피엔스의 유전자들이 대규모로 재편되는 결과가 빚어지고 있다. 집단 사이의 유전적 변이는 줄어들고 있는 반면 집단 내의 유전적 변이는 증가하고 있으며, 전반적으로 볼 때 종 전체의 유전적 변이는 증가하고 있다. 종 전체가 특히 더 그렇다. 앞으로 수십년 사이에 가장 근시안적인 정치 분야의 두뇌 집단들까지도 이 추세가 빚어낼 의지적 진화의 딜레마에 주목하게 될 가능성이 높다. 우리는 바람직한 형질의 빈도를 증가시키기 위해 다양성의 진화를 이끌고 싶어질까? 아니, 그 빈도를 점점 더 높이고 싶어 할까? 혹은 최종적으로 — 단기적으로는 그런 결정을 내릴 것이 거의 확실하다. — 오직 그것만을 원함으로써 최고를 갈망하게 될까?

그런 대안들은 과학 소설의 영역에 속해 있지 않으며, 사소한 것도 아니다. 정반대로 그것들은 고등학교에 피임약을 보급하는 문제나 생물학 교과서에서 진화를 뺄 것인지를 둘러싼 텍사스 주의 논쟁에서처럼, 이미 공론화가 된 생물학에 토대를 둔 다른 딜레마들과 연결되어 있다. 예를 들어 로봇이 의사 결정과 일의 점점 더 많은 부분을 떠맡게 된다면 인간이 할 일은 뭐가 남게 될까? 우리는 정말로 뇌에 이식한 칩과 유전적으로 향상시킨 지능 및 사회적 행동을 이용해 로봇 기술과 생물학적으로 경쟁하고 싶어 할까? 그런 선택은 우리가 물려받은 인간 본성에서 급격히 벗어나고 인간 조건에도 근본적인 변화가 일어난다는 의미가될 것이다.

지금 우리는 인문학이 가장 잘 해결할 수 있는 문제를 이야기하고 있으며, 그것이 바로 인문학이 그토록 중요한 또 하나의 이유다. 내친 김에 말하자면, 여기서 나는 실존적 보수주의(existential conservatism) 쪽에 투표를 할 것이다. 생물학적 인간 본성을 신성한 수탁물로서 보호하자는 쪽이다. 우리는 과학과 기술 쪽으로 아주 잘하고 있다. 그쪽으로 계속 나아가서, 양쪽을 더 빨리 발전시키도록 하자. 하지만 인문학도 장려하자. 인문학이야말로 우리를 인간답게 만들고, 과학이 이 수원을, 즉 인류 미래의 절대적이면서 독특한 원천을 엉망으로 만드는 데 쓰이지 않게 막아 줄 수 있다.

6
사회적 진화의 원동력

생물학에서 본능적인 사회적 행동의 진화적 기원만큼 중요한 문제는 거의 없다. 그 문제의 정답을 찾는 일은 생물에서 초유기체로 나아간, 생물학적 조직화 수준에서 일어난 거대한 전환점 중 하나를 설명하는 것과 같다. 이를테면 개미에서 조직된 개미 군체로, 홀로 생활하는 영장류에서 조직된 인류 사회로 넘어가는 과정을 설명하는 것이다.

가장 복잡한 유형의 사회 조직은 높은 수준의 협력을 통해 나온다. 이 협력은 군체 구성원 중 적어도 일부가 보이는 이타적 행동을 통해 더 강화된다. 가장 높은 수준의 협력과 이타성은 진사회성 생물에서 볼 수 있다. 진사회성은 군체 구성원 중 일부가 번식을 위해 특화한 "왕족"의 번식률을 높이기 위해, 자신의 번식을 일부 또는 전부 포기하는 것을 말한다.

앞서 지적했다시피, 두 이론이 고도의 사회 조직이 어떻게 기원했는지를 설명하겠다고 경쟁하고 있다. 하나는 표준 자연 선택 이론이다. 1920년대의 현대 집단 유전학과 1930년대 진화론의 현대적 종합을 통해 기원한 이래로 점점 정확도가 향상되면서, 폭넓은 사회적 및 비사회적 현상들에서 두루 옳다는 것이 검증되어 온 이론이다. 이 이론은 유전의 단위가 유전자이며 — 대개 유전자들이 이루는 연결망의 일부로서 작용하는 — 자연 선택의 표적이 유전자가 규정한 형질이라는 원리에 토대를 둔다. 인간에게 낭포성섬유종을 일으키는 바람직하지 않은 돌연변이 유전자를 예로 들어보자. 이 유전자는 희귀하다. 그 표현형인 낭포성섬유종을 거부하는 쪽으로 자연 선택이 이루어지기 때문이다. 낭포성섬유종은 수명과 번식률을 줄이기 때문이다. 한편 성인의 젖당 내성을 일으키는 유전자는 바람직한 돌연변이 유전자의 한 예다. 유럽과 아프리카의 낙농 집단에서 기원한 이 돌연변이 유전자가 만드는 표현형 덕분에, 젖은 어른이 믿고 의지할 수 있는 식량이 되었고, 그럼으로써 그 돌연변이 유전자를 지닌 이들은 상대적으로 수명과 번식률이 증가했다.

한 집단의 다른 구성원들에 비해 상대적으로 개체의 수명과 번식률에 영향을 미치는 형질의 유전자는 개체 수준자연 선택의 대상이 된다고 말한다. 한편 같은 집단의 동료 구성원들과 협력하는 등의 상호 작용을 일으키는 형질의 유전자는 개체 수준 선택의 대상일 수도 있고 아닐 수도 있다. 어느 쪽이든 간에, 그런 유전자는 집단 전체의 수명과 번식에도 영향을 미칠 가능성이 높다. 집단은 갈등과 자원 추출의 상대적인 효율 양쪽으로 다른 집단들과 경쟁하기 때문에, 집단에 차이를 낳는 형질은 자연 선택을 받는다. 특히 상호 작용적(따라서 사회적) 형질을 빚어내는 유전자는 집단 수준 선택의 대상이다.

여기서 표준 자연 선택 이론에 들어맞는 진화의 단순한 시나리오를 하나 예로 들어보자. 성공한 도둑은 자신과 자식의 이익을 더 늘리지만, 그의 행동은 집단의 나머지 사람들의 이익을 줄인다. 그의 정신병적 행동을 빚어내는 유전자는 집단 내에서 한 세대에서 다음 세대로 갈수록 늘어날 것이다. 하지만 한 생물 종에 질병을 일으키는 기생 생물처럼, 그의 행동은 집단의 다른 구성원들을 약화시키며, 결국은 도둑 자신도 약화시킬 것이다. 반대편 극단에 놓인 용맹한 전사는 집단을 승리로 이끌지만, 도중에 전투에서 죽음으로써 자손을 거의 또는 전혀 남기지 못할 것이다. 영웅적 행위를 빚어내는 그의 유전자는 그와 함께 사라진다. 하지만 집단의 나머지 구성원들과 그들이 공유하는 영웅적 행위 유전자는 그 혜택에 힘입어서 늘어난다. 이 두 극단적인 사례가 보여 주듯이, 자연 선택의 두 수준인 개체 수준과 집단 수준의 선택은 정반대다. 때에 따라서 상반되는 유전자들 사이에 균형이 이루어질 수도 있고, 어느 한쪽이 완전히 사라질 수도 있다. 양쪽의 행동은 하나의 격언으로 요약된다. 집단 내에서는 이기적인 구성원이 이기지만, 이타주의자들의 집단은 이기적인 구성원들의 집단을 이긴다.

표준 자연 선택 이론 및 집단 유전학의 확립된 원리들의 반대편에 서 있는 포괄 적합도 이론은 개별 유전자가 아니라 집단의 개별 구성원을 선택의 단위로 취급한다. 사회적 진화는 집단의 각 구성원이 다른 구성원들과 하는 모든 상호 작용에다가 각 상대와의 유전적 혈연관계 수준을 곱해 얻은 총합에서 나온다는 것이다. 긍정적 및 부정적 양쪽으로 이 다수의 상호 작용이 미치는 모든 효과가 바로 포괄 적합도가 된다.

비록 자연 선택과 포괄 적합도 사이의 논쟁이 아직 여기저기에서 불꽃을 튀기고는 하지만, 포괄 적합도의 가정들은 지구에서든 다른 어느 행성에서든 일어날 가능성이 적은 극소수의 극단적인 사례들에만 적용할 수 있다는 것이 증명되어 왔다. 포괄 적합도를 직접 측정한 사례는 전혀 없다. 그저 회귀법(regressive method)이라는 간접적인 분석을 통해 얻은 결과들만 있을 뿐이다. 하지만 불행히도 그 회귀법 자체는 수학적으로 틀렸음이 입증되었다. 유전자가 아니라 개체나 집단을 유전의 단위로 삼는 태도는 더욱 근본적인 오류다.

두 이론들을 더 전개하기 전에, 여기서 사회적 행동의 진화를 보여 주는 구체적인 사례를 통해 각 접근법이 그것을 어떻게 다루는지를 살펴보면 도움이 될 것이다.

포괄 적합도 이론가들은 개미의 한살이를 포괄 적합도의 타당성과 혈연관계의 역할을 입증하는 사례로서 즐겨 인용해 왔다. 많은 개미 종의 한살이는 이런 식이다. 군체는 처녀 여왕들과 수컷들을 개미집 밖으로 내보냄으로써 번식한다. 여왕들은 짝짓기를 한 뒤 집으로 돌아가지 않고, 각자 흩어져서 자신의 새로운 군체를 형성한다. 수컷은 짝짓기가 끝난 뒤 몇 시간 안에 죽는다. 처녀 여왕은 수컷보다 몸집이 훨씬 크며, 그에 따라 군체는 여왕을 생산할 때 더 많은 자원을 할당한다.

1970년대에 생물학자 로버트 트리버스(Robert Trivers)는 이 암수의 크기 차이를 포괄 적합도로 설명하는 논문을 냈다. 트리버스는 개미의 성 결정 방식이 독특해서, 자매들이 남매보다 서로 유연관계가 더 가깝다고(여왕이 한 수컷과만 짝짓기를 한다고 할 때) 했다. 그는 유충을 돌보고 키우는 것이 일개미들이고, 일개미들이 형제보다 자매를 더 선호하기 때문에, 수컷보다 처녀 여왕에게 투자를 더 많이 한다고 했다. 군체는 일개미들의 통제를 받고 있고, 군체는 각 여왕을 수컷보다 훨씬 더 크게 만듦으로써 이 목적을 달성한다. 포괄 적합도 이론을 통해 추론한 이 과정을 간접 자연 선택(indirect natural selection)이라고 한다.

대조적으로 표준 집단 유전학 모형은 직접 자연 선택을 제시하며, 야외와 연구실에서 직접 관찰을 통해 그것을 검증한다. 곤충학자라면 다 알고 있듯이, 처녀 여왕은 몸집이 더 커야 한다. 그래야 새로운 군체를 만드는 일을 시작할 수 있기 때문이다. 여왕은 땅을 파서 집을 만들고, 그 안에 틀어박혀서 커다란 몸에 저장된 지방과 날개 근육을 분해해 얻은 물질로 첫 배의 일개미들을 키운다. 수컷은 오로지 짝짓기 기능만 할 뿐이므로 몸집이 작다. 수정이라는 목적을 달성하면 죽는다. (말이 난 김에 덧붙이자면, 종에 따라서는 20년 넘게 사는 여왕도 있다.) 따라서 성별에 따른 투자 차이를 우회적으로 설명하는 포괄 적합도 이론은 틀렸다.

이 추론의 핵심 내용인 일개미가 군체의 자원 할당을 통제한다는 포괄 적합도 이론의 가정도 틀렸다. 여왕은 받은 정자를 담은 주머니처럼 생긴 기관인 수정낭(spermatheca)의 마개를 조절함으로써, 태어날 자식의 성별을 결정한다. 정자가 배출되어 여왕의 난소에 있는 난자를 수정시키면 암컷이 나온다. 정자가 배출되지 않으면 난자는 수정되지 않고, 미수정란은 수컷으로 자란다. 따라서 복잡하게 얽힌 요인들 가운데 일개미가 통제하는 것은 일부에 불과하다. 일개미는 여러 암컷 알들과 유충들 중 어느 것이 여왕이 될지를 결정하는 일을 한다.

자료가 비교적 희귀했던 반세기 동안, 포괄 적합도 이론은 고도의 사회적 행동의 기원을 설명하는 주된 이론이 되어 왔다. 그 이론은 1955년 영국 유전학자 J. B. S 홀데인(J. B. S Haldane)이 내놓은 단순한 수학 모형에서 시작되었다. 그의 논증은 이런 식이었다. (직관적으로 더 이해하기 쉽게 조금 수정했다.) 아이 없는 미혼 남성인 당신이 강둑에 서 있다고 하자. 저쪽 강물에 당신의 형제가 물에 빠져 허우적대는 모습이 보인다. 오늘따라 물살이 거칠다. 당신은 헤엄을 잘못 친다. 그래서 물에 뛰어들어서 형제를 구한다면, 자신은 익사하리라는 것을 안다. 따라서 구조는 당신의 이타주의를 전제로 한다. 하지만 (홀데인의 말에 따르면) 구조 행위를 펼치려면 당신을 이타적으로 만드는 작용을 하는 유전자를 포함해, 당신 유전자 쪽의 이타주의도 필요하다. 이유는 다음과 같다. 그 사람이 당신의 형제이므로, 그의 유전자 중 절반은 당신의 유전자와 동일하다. 이제 당신은 물에 뛰어들어서 그를 구하고 익사한다. 당신은 세상을 떠났지만, 당신의 유전자 중 절반은 구조되었다. 당신의 유전자 손실을 보충하기 위해 당신의 형제가 할 일은 그저 자식을 두 명 더 낳기만 하면 된다. 여기서는 유전자가 선택의 단위다. 즉 자연 선택을 통한 진화에서 중요한 것은 바로 유전자다.

1964년 영국 유전학자 윌리엄 해밀턴(William D. Hamilton)은 홀데인의 개념을 더 일반적인 형식으로 표현했다. 나중에 그것은 해밀턴 부등식(Hamilton inequality)이라고 불리게 되었다. 이 부등식은 수혜자의 자식 수에서 얻는 혜택이 이타주의자의 자식 수에서 일어나는 손해를 초과할 때, 영웅적인 형제의 행동 같은 이타주의를 규정하는 유전자가 늘어날 것이라고 말한다. 하지만 이타주의자가 제공할 이 혜택은 사실상 수혜자가 이타주의자의 가까운 친척일 때에만 유효할 것이다. 혈연관계의 정도는 공통 조상의 후손인 이타주의자와 수혜자가 공유하는 유전자의 비율로 나타낼 수 있다. 형제자매 사이는 1/2, 사촌 사이는 1/8, 이런 식으로 혈연관계가 더 멀어질수록 공통 유전자의 비율은 급감한다. 나중에 그 과정은 혈연 선택(kin selection)이라고 불리게 되었다. 적어도 이 추론에 따르면, 가까운 혈연관계가 이타주의와 협력의 생물학적 기원을 설명해 줄 열쇠인 듯했다. 즉 가까운 혈연관계가 고도의 사회성이 진화하는 데 필요한 주된 요소라는 것이다.

처음에 언뜻 보았을 때, 혈연 선택은 조직화한 사회의 기원을 합리적으로 설명하는 듯했다. 어떤 식으로든 함께 모여 있지만 조직 체계를 갖추지 못한 개체들의 집단을 생각해 보자. 물고기 떼, 새 떼, 한 지역의 들다람쥐 집단이 그렇다. 각 집단의 구성원들이 누가 자신의 자식이 아니라는 것을 구별할 수 있으며, 그럼으로써 표준(다윈) 자연 선택을 통해 육아의 진화가 일어난다고 하자. 또 그들이 형제자매와 사촌처럼 공통 조상을 통해 연관된 방계 친척들도 알아본다고 하자. 여기에서 더 나아가 가까운 방계 친척들을 더 먼 친척이나 친척이 아닌 개체들보다 선호하게 해 주는 돌연변이가 일어난다고 하자. 그러면 홀데인이 예로 든 형제를 향해 편향된 영웅적 행위 같은 극단적인 사례도 나타날 것이다. 그 결과 그런 돌연변이를 지닌 이들은 정실주의를 보일 것이고, 집단의 다른 개체들보다 다윈주의적 이점을 지니게 될 것이다. 그런데 이 과정이 어느 시점에서 진화하는 개체군으로 이어지는 것일까? 방계 친척을 선호하는 유전자가 퍼짐에 따라, 집단은 경쟁하는 개체들과 그 자식들의 집합이 아니라, 경쟁하는 확대 가족들의 집합으로 변할 것이다. 집단 수준의 이타주의, 협력, 분업, 다시 말해 조직화한 사회를 이루려면, 다른 수준의 자연 선택이 필요하다. 바로 집단 선택이다.

1964년에 해밀턴은 포괄 적합도 개념을 도입함으로써 혈연 선택 원리를 한 단계 더 밀고 나갔다. 사회적 개체는 집단 속에서 살며, 집단의 다른 구성원들과 상호 작용한다. 개체는 집단 내의 상호 작용하는 구성원 각각과 혈연 선택에 관여한다. 개체가 다음 세대로 전달되는 자신의 유전자에 미치는 이 추가 효과가 바로 개체의 포괄 적합도다. 집단 내 각 구성원과의 혈연관계 정도를 참작해 계산한 모든 편익과 비용의 합이다. 포괄 적합도가 도입되면서, 선택의 단위는 유전자에서 개체로 미묘하게 옮겨졌다.

처음에 나는 자연에서 연구할 만한 몇몇 혈연 선택 사례들에 비추어 보았을 때 포괄 적합도 이론이 흥미롭다고 생각했다. 해밀턴의 논문이 발표된 다음 해인 1965년에 나는 런던 왕립곤충학회가 주최한 한 모임에서 그 이론을 옹호했다. 그날 저녁에 해밀턴 자신이 내 옆에 앉아 있었다. 그 뒤에 나는 사회 생물학이라는 새로운 분야를 정립한 두 저서 『곤충 사회(The Insect Societies)』(1971년)와 『사회 생물학: 새로운 종합(Sociobiology: The New Synthesis)』(1975년)에서, 혈연 선택이 고도의 사회적 행동을 유전적으로 설명하는 데 핵심적인 역할을 한다고 강조했다. 그것을 사회 생물학을 구성하는 계급, 의사소통 같은 주요 주제들에 못지않게 중요성을 지닌 것으로 다루었다. 1976년에 달변인 과학 저술가 리처드 도킨스는 베스트셀러인 『이기적 유전자』를 통해서 일반 대중에게 그 개념을 설명했다. 곧 혈연 선택과 몇몇 형태의 포괄 적합도가 사회성의 진화를 다루는 교과서들과 대중 저술들에 실리게 되었다. 그 뒤로 30년 동안, 혈연 선택 이론을 일반적이고 추상적으로 확장한 형태들을 주로 개미를 비롯한 사회성 곤충들을 대상으로 검증하고 순위, 갈등, 성별 투자 연구를 통해 옳다고 입증했다고 하는 논문들이 엄청나게 많이 나왔다.

2000년 무렵에 혈연 선택과 그것을 확장한 포괄 적합도는 교리라고 해도 좋을 만치 중추적인 역할을 하고 있었다. 학술 논문의 저자들은 자료의 내용이 그 이론과 그저 미미한 관련이 있을 뿐일 때에도, 굳이 언급하면서 그 이론이 옳다고 인정하곤 했다. 그때쯤에는 그 이론을 토대로 학문 경력을 쌓고 국제적인 상을 받은 이들도 많이 있었다.

하지만 포괄 적합도 이론은 단순히 틀린 차원이 아니라, 근본적으로 틀린 것이었다. 지금 돌이켜보면, 1990년대쯤에 이미 지각 변동을 일으킬 금이 두 곳에 쩍 나서 틈새가 벌어지기 시작했다는 사실을 뚜렷이 알 수 있다. 그 이론의 확장판들은 점점 추상적인 양상을 띰으로써, 사회 생물학의 다른 영역들에서 계속 활기를 띠고 있던 경험적인 연구와 멀어졌다. 한편 그 이론에 충실한 경험적인 연구는 여전히 측정 가능한 소수의 현상에만 국한되어 있었다. 그 이론에 관한 논문들은 대부분 사회성 곤충을 대상으로 기존 연구 결과를 재연할 뿐이었다. 따라서 그들이 다루는 주제들은 상대적으로 점점 더 협소해져 갔다. 포괄 적합도 이론가들은 확신에 찬 주장을 내놓았지만, 생태학, 계통학, 분업, 신경 생물학, 의사소통, 사회생리학 분야에서 펼쳐지는 장엄한 양상들에는 거의 손도 대지 못하고 있었다. 그 이론을 다룬 대중 저술의 상당수는 그다지 새롭지 않은 확신에 찬 어조로, 그 이론이 앞으로 대단히 위대해질 것이라고 선언하는 식이었다.

그러나 옹호자들이 줄여서 IF 이론이라는 애칭으로 부르곤 한 포괄 적합도 이론은 점점 더 노쇠한 징후를 보이고 있었다. 2005년 무렵에는 그 이론의 타당성에 공개적으로 의문이 제기되고 있었다. 개미, 흰개미 같은 진사회성 곤충들을 깊이 연구하는 손꼽히는 전문가들 사이에서 더욱 그러했고, 몇몇 이론가들은 대담하게 진사회성의 기원과 진화를 설명할 대안 이론을 내놓기까지 했다. IF 이론을 가장 강력하게 옹호하는 연구자들은 그런 일탈을 외면하거나 단숨에 내쳤다. 2005년 무렵에 그들은 세계 유수의 학술지들에 반대되는 증거와 견해가 실리는 것을 막을 수 있을 만큼 익명으로 이루어지는 동료 심사 체계에서 영향력을 발휘하고 있었다. 한 예로, 초기에 포괄 적합도 이론을 뒷받침할 핵심 증거로 제시된 것은 막시류(벌, 말벌, 개미)에게서 진사회성 동물 종의 비율이 매우 높을 것이라는 예측이었으며, 이 내용은 교과서에 으레 실렸다. 어느 연구자가 새로운 발견들을 제시하면서 그 예측이 틀렸다고 지적하면, 그는 사실상 "우리도 이미 알고 있어."라는 말을 듣곤 했다. 그들은 이미 그 사실을 알고 있었지만, 그저 방치하고 있었다. 그들은 "막시류 가설(Hymenoptera hypothesis)"이 틀렸다고 말하지 않았다. 그저 "사소한" 것인 양 치부했다. 한 원로 연구자는 야외와 실험실에서 원시적인 흰개미 군체들이 유연관계가 없는 일개미들을 받아들여서 규모를 키우고 서로 경쟁한다는 것을 보여 주었다. 그는 그 결론이 포괄 적합도 이론을 충분히 고려하지 않았다는 이유로 자료까지 거부당하는 꼴을 겪었다.

이론 생물학의 심오해 보이는 주제가 왜 그렇게 격한 당파심을 자극했을까? 그것이 다루는 문제가 근본적으로 중요하며, 그 문제를 해결하려는 노력에 유달리 많은 판돈이 쌓였기 때문이다. 게다가 포괄 적합도는 카드로 지은 집과 비슷해지기 시작하고 있었다. 어느 한 장을 빼내기만 해도 집 전체가 무너질 위험에 처해 있었다. 하지만 카드 빼내기에는 명성을 걸 만한 가치가 있었다. 진화 생물학계에서 보기 드문 사건인 패러다임 전환이 일어나려는 분위기가 감돌고 있었다.

2010년, 포괄 적합도 이론의 지배 체제가 마침내 무너졌다. 10년 동안 아직 숨을 죽이고 있던 소수의 반대파에 속해서 고군분투하던 나는 포괄 적합도를 하향식으로 분석하기 위해 하버드의 수학자이자 이론 생물학자인 마틴 노왁(Martin Nowak), 코리나 타르니타(Corina Tarnita)와 힘을 모았다. 노왁과 타르니타는 포괄 적합도 이론의 기본 가정들이 타당하지 않음을 독자적으로 발견한 바 있었고, 나는 그 이론을 뒷받침하는 데 쓰인 야외 조사 자료를 직접 자연 선택을 통해 마찬가지로 잘, 아니 그보다 더 잘 설명할 수 있음을 보여 준 바 있었다. 앞서 서술한 개미의 성 할당 사례가 그렇다.

우리는 2010년 8월 26일에 공동 논문을 발표했고, 논문은 저명 학술지 《사이언스》에 표지 기사로 실렸다. 논쟁이 벌어지리라는 것을 알았기에, 《네이처》 편집진은 유달리 신중하게 일을 처리했다. 그 주제와 수학적 분석에 정통한 편집자가 런던에서 하버드로 와서 노왁, 타르니타, 나와 특별한 모임을 가졌다. 그는 승인을 했고, 원고는 익명의 세 전문가에게 전달되었다. 예상한 대로, 논문이 발표되자 베수비오 화산이 폭발하듯이 엄청난 항의가 쏟아졌다. 언론인들이 몹시 반기는 일이 벌어진 것이다. 포괄 적합도 이론을 헌신적으로 연구하거나 가르치는 생물학자 무려 137명이 서명한 항의 성명이 다음해에 《네이처》에 실렸다. 내가 2012년 『지구의 정복자』에서 한 장을 할애해 내 주장을 다시 펼쳤을 때, 도킨스는 그 이론의 독실한 신자답게 몹시 분개한 반응을 보였다. 그는 영국 잡지 《프로스펙트(Prospect)》에 쓴 서평에서, 독자들에게 내가 쓴 책을 읽지 말라고 하는 차원을 넘어서, 그 책을 "있는 힘껏" 내팽개치라고 했다. 놀랍지도 않다.

하지만 그 뒤로 지금까지 노왁과 타르니타의 수학적 분석이나, 야외 조사 자료를 해석할 때 포괄 적합도 이론보다 표준 이론이 더 낫다는 내 주장을 논박한 사람은 아무도 없다.

노왁과 나는 수리 생물학자 벤저민 앨런(Benjamin Allen)과 함께 2013년, 그 분석을 더 깊이 확장하는 일에 나섰다. (타르니타는 프린스턴으로 자리를 옮겨 자신의 수학 모형에 야외 조사 자료를 보강하느라 바빴다.) 2013년 말에 우리는 최종 심판자 역할을 할 일련의 논문들 중 첫 번째 논문을 발표했다. 엄밀함을 기할 필요가 있고, 이 주제의 역사 및 철학과 관련된 내용도 포함되어 있기에, 나는 이 책의 부록에 그 논문을 요약해서 싣기로 했다.

이제 마침내 우리는 더 열린 탐구심을 갖고 한 가지 핵심 질문으로 돌아갈 수 있다. 인간의 사회적 행동을 출현시킨 원동력은 무엇이었을까? 아프리카의 선행 인류는 더 하등한 동물들에게서 볼 수 있는 것과 유사한 방식으로 고도의 사회적 조직화의 문턱까지 왔고, 전혀 다른 방식으로 그 문턱을 넘었다. 뇌 크기가 두 배 이상 늘어나면서, 인류 집단은 대폭 향상된 기억을 토대로 한 지능을 이용했다. 원시적인 사회성 곤충에서는 유충과 성체, 보모와 먹이 조달자 같은 각 집단 내의 사회 조직화 범주들이 갖춘 협소한 본능들을 토대로 한 분업이 진화한 반면, 최초의 인류는 집단 구성원이 다른 모든 구성원들에 관한 상세한 지식을 활용하면서 본능에 기반을 둔 다양한 행동을 하는 쪽으로 진화했다.

사적이고 내밀한 상호 지식을 토대로 집단을 구축한 것은 인류만의 독특한 성취였다. 혈연관계에 따른 유전체의 유사성은 집단 형성의 불가피한 결과였지만, 혈연 선택이 그 유사성의 원인이었던 것은 아니다. 혈연 선택 개념과 포괄 적합도의 허깨비 같은 속성들은 인간뿐 아니라 진사회성 곤충을 비롯한 다른 동물들에게도 마찬가지로 극도로 제한적으로 적용된다. 인간 조건의 기원은 자연 선택이 사회적 상호 작용을 선호했다는 개념으로 가장 잘 설명된다. 의사소통하고, 알아보고, 평가하고, 유대를 맺고, 협력하고, 경쟁하는 타고난 성향도, 자신의 특별한 집단에 소속됨으로써 깊고도 따스한 기쁨을 느끼는 성향도 그렇게 나온 것이다. 집단 선택을 통해 강화된 사회적 지능에 힙입어 호모 사피엔스는 지구 역사상 최초의 완전한 지배 종이 되었다.

III

다른 세계들

인간의 존재 의미는, 우리 종을 상상할 수 있는
다른 생명체들과 비교하고 나아가 추론을 통해
태양계 바깥에 존재할지 모를 생명체들과도 비
교할 때, 가장 올바르게 이해할 수 있다.

7
인류,
페로몬 세계를 잃다

방향을 새롭게 잡아서 여행을 계속하자. 과학이 인문학에 할 수 있는 가장 큰 기여는 종으로서의 우리가 얼마나 기이한지, 그리고 왜 그러한지를 보여 주는 것이다. 그 노력은 각자 나름대로 기이한 지구의 다른 모든 종들의 특성을 연구하는 일의 한 부분에 속한다. 더 나아가 우리는 인간 수준의 지능을 진화시켰을 법한 생물도 포함해, 다른 행성에 사는 생명의 특성까지 얼마간 예상해 볼 수도 있다.

인문학은 인간 본성의 기이한 특성들을 "본래 그러하다고(just is)" 받아들이고서 다룬다. 그런 인식을 토대로 창작 예술가들은 끝없이 세세하게 이야기를 자아내고, 작곡을 하고, 그림을 그린다. 그러나 우리 종을 정의하는 형질들은 생물 다양성 전체라는 배경 앞에 놓으면 매우 협소해 보인다. 인간의 존재 의미는 "본래 그러하다"가 "때문에, 본래 그러하다(just is, because)"로 대체될 때까지는 설명할 수가 없다.

이제 지구 생물권을 구성하는 다양한 생명체들 가운데 소중한 우리 종이 얼마나 특별하고 독특한지를 살펴보는 일부터 시작해 보자.

영겁에 걸친 세월이 흐르면서 무수한 종들이 나타났다 사라지기를 되풀이한 뒤에야, 비로소 한 계통, 즉 호모 사피엔스의 직계 조상이 진화의 엄청난 복권에 당첨되었다. 상징 언어를 토대로 한 문명과 문화가 당첨금으로 지급되었고, 이 당첨금을 밑천으로 삼아 인류는 지구의 재생 불가능한 자원을 추출할 엄청난 힘을 갖추게 되었다. 한편으로 자신의 동료 종들을 신나게 전멸시키면서 말이다. 당첨 숫자 조합은 무작위로 획득한 선적응(preadaptation)들의 집합이었다. 육지에서만 보내는 한살이, 더욱 커다란 뇌가 진화할 수 있는 머리뼈 용적과 커다란 뇌, 대상을 조작할 수 있을 만큼 유연한 손가락, 후각과 미각 대신에 시각과 청각에 의존해 방향을 찾는 방식(이 점이 가장 이해하기가 어려운 부분이다.) 등이 그렇다.

물론 우리는 자신이 코, 혀, 입천장으로 화학 물질을 검출하는 능력이 탁월하다고 생각한다. 우리는 좋은 포도주에서 풍기는 향기와 뒷맛을 즐기며 뿌듯해한다. 우리는 컴컴한 집안에서 독특한 냄새만으로 방을 찾을 수 있다. 하지만 우리는 화학적 감각 면에서 바보나 다름없다. 우리에 비하면 다른 대다수의 생물은 천재다. 동물, 식물, 균류, 미생물 종의 99퍼센트 이상은 오로지 또는 거의 전적으로 화학 물질(페로몬)만으로 같은 종의 구성원들과 의사소통한다. 또 그들은 다른 화학 물질(알로몬, allomone)들을 구분함으로써 먹이, 포식자, 공생자일 가능성이 있는 종들을 식별한다.

우리가 즐기는 자연의 소리들도 자연에 존재하는 소리들 가운데 일부일 뿐이다. 물론 새의 노래는 돋보이지만, 새가 우리와 마찬가지로 시청각 채널로 의사소통을 하는 극소수의 동물에 불과하다는 점을 명심하자. 새 소리 말고도 개구리의 울음, 귀뚜라미의 찌르르 소리, 여치와 매미의 시끄러운 소리도 있다. 원한다면 어스름이 깔릴 무렵에 박쥐가 내는 떨어 대는 소리도 넣자. 비록 반향정위로 장애물과 날아다니는 먹이를 포착하기 위해 내는 이 소리는 우리의 가청 범위 바깥에 있지만 말이다.

우리의 화학적 감각 능력이 한정되어 있다는 점은 다른 생물들과 우리의 관계에 지대한 의미를 지닌다. 따라서 내친 김에 이렇게 묻고 싶어진다. 파리와 전갈이 명금류처럼 달콤하게 노래를 한다면, 우리는 그들을 덜 싫어하게 될까?

동물 의사소통의 시각 신호 쪽을 보자. 우리는 새, 물고기, 나비의 춤과 체색을 보면서 감탄한다. 한편 곤충, 개구리, 뱀은 선명한 색깔과 과시 행동을 이용해 포식자에게 경고를 한다. 그 메시지는 긴박한 것이다. 포식자의 눈을 즐겁게 하기 위한 것이 아니라, 이렇게 말하는 것이다. "나를 먹으면 죽든지 앓든지 할 것이고, 적어도 맛이 지독할 것이다." 자연사학자들 사이에서는 이런 경고에 관한 규칙이 하나 있다. 어떤 동물이 아름다우면서 당신이 가까이 다가가도 개의치 않는 듯하다면, 단순히 독을 지니는 차원을 넘어서 치명적인 피해를 입힐 수 있다고 봐야 한다는 것이다. 느리게 움직이는 산호뱀과 태평한 독화살개구리가 대표적이다. 우리는 그 색깔들을 볼 수 있고, 즐기는 동시에 살아남을 수 있다. 하지만 우리는 자외선은 보지 못한다. 반면에 많은 곤충은 자외선을 이용해 살아간다. 한 예로, 나비는 자외선을 내는 꽃을 찾아다닌다.

생명 세계의 시청각 신호는 우리의 감정을 자극하며, 역사적으로 종종 위대한 창작물에, 즉 최고의 음악, 춤, 문학, 시각 예술에 영감을 주고는 했다. 그렇지만 그런 신호는 우리 주변의 페로몬과 알로몬의 세계에서 벌어지는 일들에 비하면 너무나 빈약하다. 생물학적으로 얼마나 변변

찮은지 알고 싶다면, 당신이 주변에 있는 다른 생물들이 냄새로 맡는 것처럼 생생하게 이 화학 물질들을 볼 수 있다고 상상해 보자.

당신은 즉시 자신이 떠난 세계나 상상한 세계보다 훨씬 더 농밀하고 복잡하고 빨리 움직이는 세계로 진입한다. 이것이 바로 지구 생물권의 대다수가 속한 현실 세계다. 다른 생물들은 그 안에 살지만, 여태껏 당신은 그 세계의 가장자리에서만 살았을 뿐이다. 땅과 식생 위로 구름이 굽이치면서 솟아오른다. 향긋한 덩굴손이 당신의 발밑에서 스며 나온다. 산들바람이 이 모든 것을 나무 꼭대기로 밀어 올린다. 더 거센 바람에 덩굴손들이 곧 찢겨져서 흩어진다. 낙엽과 흙으로 덮여 있는 땅 밑에서는 잔뿌리와 균류의 균사로부터 가냘픈 가닥들이 흘러나와서 근처의 틈새로 스며든다. 냄새들의 조합은 지점마다 다르다. 짧게는 1밀리미터만 떨어져도 달라진다. 냄새들은 패턴을 형성하고 이정표로 작용한다. 개미를 비롯한 작은 무척추동물들은 늘 그 이정표를 이용하지만, 그 이정표는 인간으로서의 당신이 지닌 빈약한 능력 너머에 있다. 배경 냄새 장의 한가운데에서 희귀하면서 특이한 유기 화학 물질들이 타원체를 이루며 흐르다가 퍼지면서 반구형 방울을 형성한다. 수천 종의 미생물들이 방출하는 화학적 메시지들이다. 일부는 몸에서 증발하는 유출물 형태다. 그 물질들은 포식자에게는 먹이로 향하는 길잡이 역할을 하고, 먹이에게는 다가오는 포식자를 경고하는 표지 역할을 한다. 같은 종의 일원에게 전하는 메시지인 것도 있다. "나는 여기 있어." 그 물질들은 잠재적인 짝과 공생자에게 속삭인다. "이리 와, 내게 와." 개가 소화전에 뿌리는 페로몬처럼, 같은 종의 잠재적인 경쟁자들에게는 경고를 보낸다. "여긴 내 영역이야. 꺼져!"

지난 반세기 동안 연구자들(나는 그 초기에 개미들의 의사소통을 연구하면서 멋진 시간을 보냈다.)은 페로몬이 남들이 포착하도록 그냥 공기나 물로 방출하는 것이 아님을 발견했다. 대신에 페로몬은 정확히 특정한 표적을 겨냥해 방출된다. 모든 페로몬 의사소통을 이해하는 데 핵심이 되는 개념은 "작용 공간(active space)"이다. 냄새 분자가 원천(주로 동물이나 다른 생물의 몸에 있는 샘)에서 밖으로 흘러나올 때마다, 냄새 기둥 중심부의 농도는 같은 종의 구성원들이 검출할 수 있을 만큼 높게 유지된다. 각 종은 수천 또는 수백만 년에 걸쳐 진화하면서 냄새 분자의 크기와 구조, 메시지를 전달하기 위해 분비하는 양, 받아들이는 생물의 냄새 민감도 등을 놀라운 수준까지 정교하게 다듬어 왔다.

나방 암컷이 밤하늘에서 자기 종의 수컷을 부른다고 하

자. 가장 가까이 있는 수컷도 1킬로미터는 떨어져 있을 수 있다. 나방의 몸길이를 사람의 키라고 하면, 그 거리는 80킬로미터쯤 된다. 따라서 성 호르몬은 강력해야 하며, 페로몬 연구자들은 실제로 그렇다는 것을 밝혀냈다. 화랑곡나방 수컷은 공기 1세제곱센티미터에 130만 개의 분자만 있어도 행동에 자극을 받는다. 많다고 생각할지도 모르겠지만, 사실은 극도로 적은 양이다. 암모니아(NH_3) 1그램의 분자 수가 10^{23}(1000억×1조)개라는 점을 생각해 보라. 페로몬 분자는 자기 종의 수컷을 끌어들일 만큼 강력한 동시에, 다른 종의 수컷이나 더 나아가 나방을 잡아먹는 포식자를 끌어들일 가능성이 극히 적도록 어떤 희귀한 구조를 지녀야 한다. 그래서 서로 유연관계가 가까운 나방 종들의 성 유인 물질은 분자 하나가 다르거나, 이중 결합의 유무나 위치가 다르거나, 심지어 이성질체에 불과할 때도 있다.

그런 높은 수준의 배타성을 지닌 나방 종의 수컷은 짝을 찾기가 몹시 어렵다. 수컷이 암컷 몸에 있는 표적을 찾으려면, 먼저 허깨비 같은 작용 공간으로 진입해 원천까지 거슬러 가야 한다. 그 공간은 타원체(방추 모양)를 이루어 점점 희박해지면서 두 번째 지점까지 도달하고 그 너머에서는 감지되지 않는다. 대개 수컷은 우리가 부엌에서 코를 킁킁거리면서 숨은 냄새의 근원을 찾을 때 하는 식으로, 냄새의 농도가 옅은 곳에서부터 점점 농도가 짙어지는 곳을 향해 단순히 나아가는 식으로 해서는 암컷을 찾을 수가 없다. 수컷은 적어도 마찬가지로 효과적인 다른 방법을 쓴다. 수컷은 페로몬 기둥과 마주치면 부르는 암컷에 도달할 때까지 상류로 향한다. 도중에 작용 공간을 놓칠 수도 있다. 산들바람에 냄새 줄기가 흔들리고 뒤틀리고는 하므로 그런 일은 얼마든지 일어날 수 있다. 그럴 때 수컷은 작용 공간을 다시 만날 때까지 공중을 옆으로 갈지자로 오락가락 한다.

생물 세계 전체에서 이런 높은 수준의 후각 능력을 요구하는 사례는 흔하다. 방울뱀 수컷도 페로몬 자취를 따라가서 부르는 암컷을 찾는다. 또 암수 모두 혀를 날름거리면서 땅의 냄새를 맡아서, 청둥오리의 움직임에 맞추어서 총구를 계속 움직이면서 겨냥하는 사냥꾼처럼 정확하게 다람쥐의 위치를 찾아낸다.

동물계의 어디에서든 세밀한 구별이 필요할 때마다 같은 수준의 후각 능력이 출현한다. 인간을 포함한 포유동물에게서도 어미는 여러 새끼들 가운데 자기 새끼를 냄새로 구별할 수 있다. 개미는 다가오는 일개미의 몸 위로 두 더듬이를 휘젓는 0.1초 사이에 같은 둥지의 구성원인지 여부를 식별할 수 있다.

작용 공간의 형태는 성과 식별 외에도 많은 종류의 정

보를 전달하기 위해 진화한 것이다. 병정개미는 경고 물질을 분비해 적들이 다가온다고 둥지 구성원들에게 알린다. 이 화학 물질은 성 호르몬과 길잡이 페로몬에 비해 구조가 더 단순하다. 대량으로 분비되며, 작용 공간이 더 멀리까지 더 빨리 형성된다. 은밀할 필요가 전혀 없다. 정반대로 동료와 적이 똑같이 냄새를 맡게 할 타당한 이유가 있다. 그리고 빨리 맡게 할수록 더 좋다. 가능한 한 많은 동료들의 경각심과 행동을 자극하는 것이 이 물질의 목적이기 때문이다. 경고 페로몬을 검출한 병정개미들은 한껏 의기가 솟구쳐서 싸움터로 쏟아져 나가는 반면, 보모들은 유충을 더 깊숙한 곳으로 옮긴다.

　노예를 부리는 미국의 한 개미 종은 페로몬과 알로몬의 놀라운 조합을 "선전 물질(propaganda substance)"로 사용한다. 북반구 온대 지역의 개미들에게는 노예제가 흔하다. 노예를 부리는 종의 군체가 다른 개미 종을 습격하면서 노예화가 시작된다. 그 군체의 일개미들은 개미집에서 거의 아무 일도 하지 않은 채 빈둥거린다. 하지만 고대 그리스의 빈둥거리는 스파르타 전사들처럼, 그들도 싸울 때에는 용맹하다. 일부 종의 습격자들은 상대의 몸을 꿰뚫을 수 있는 낫 모양의 강력한 턱으로 무장하고 있다. 나는 개미의 노예제를 연구할 때, 근본적으로 다른 방법을 쓰는 종을 하나 발견한 적이 있다. 그 습격자들의 배(세 부분으로 나뉜 개미의 몸에서 가장 뒤쪽 몸마디)에는 경고 물질이 가득한 거대한 분비샘이 있다. 상대의 집을 부술 때 그들은 방과 통로에 대량의 페로몬을 흩뿌린다. 알로몬(더 정확히 말하면 의사호르몬)이 일으키는 효과 때문에, 방어하는 개미들은 혼란과 공황에 빠져서 후퇴한다. 우리로 치면, 사방에서 천둥처럼 시끄러운 경보음이 계속 울려 퍼지는 것과 같다. 침략자들은 그 물질에 같은 식으로 반응하지 않는다. 대신에 그들은 그 페로몬에 끌리며, 그 결과 상대 군체의 유충(번데기 단계에 있는)을 쉽게 사로잡아 가져올 수 있다. 붙잡혀 온 번데기에서 나와 성체가 된 개미들은 각인이 되어서 포획자의 자매인 양 행동하며, 여생을 기꺼이 노예로서 봉사한다.

개미는 아마 지구에서 가장 고도로 발달한 페로몬 동물일 것이다. 알려진 그 어떤 곤충보다도 더듬이에 후각을 비롯한 감각 수용체들을 더 많이 지니고 있다. 또 개미는 걸어 다니는 외분비샘 저장고이며, 분비샘마다 서로 다른 종류의 페로몬을 만든다. 종에 따라서는 10~20종류의 페로몬을 써서 사회생활을 통제한다. 각 페로몬이 전달하는 의미는 서로 다르다. 그리고 그것은 정보 체계의 시작에 불과하다. 페로몬은 함께 분비되어 더 복잡한 신호를 만들어 낼 수 있다. 또 분비되는 시기와 장소에 따라서 다른 의미를 지닐 수도 있다. 분자의 농도를 달리함으로써 더 많은 정보를 전달할 수도 있다. 적어도 내가 연구했던 미국의 수확개미 한 종은 거의 검출 불가능한 농도의 페로몬으로 일개미들의 주의를 끌어서 움직이게 한다. 페로몬 농도가 조금 더 높아지면 개미들은 흥분해서 이리저리 탐색하며 돌아다닌다. 가장 높은 농도일 때, 즉 개미들이 신호를 보내는 일개미 가까이에 있을 때에는 근처에 있는 외래 유기물을 미친 듯이 닥치는 대로 공격한다.

일부 식물 종도 페로몬을 통해 의사소통한다. 그들은 적어도 이웃 식물의 스트레스 반응을 읽어서 스스로 같은 행동 반응을 일으킬 수 있다. 심각한 적—세균, 균류, 곤충—의 공격을 받는 식물은 침략자의 행동을 억제하는 화학 물질을 분비한다. 그 물질 중 일부는 휘발성이다. 이웃한 식물들은 그 "냄새를 맡는다." 그 식물들은 아직 공격을 받지 않았음에도 동일한 방어 반응을 일으킨다. 몇몇 종은 수액을 빨아먹는 진드기의 습격을 흔히 받는다. 이런 진드기는 북반구 온대 지역에 특히 많으며, 심각한 피해를 입힐 수 있다. 진드기의 공격을 받는 식물은 공중으로 증기를 내뿜는다. 그 물질은 이웃 식물들에게 방어 화학 물질을 분비하도록 자극할 뿐 아니라, 진드기에 기생하는 작은 말벌들을 불러 모은다. 또 다른 계통의 방어 전략을 쓰는 종도 몇

몇 있다. 뿌리와 얽혀서 한 식물을 다른 식물과 잇는 공생 균류 가닥을 통해 식물에서 식물로 신호를 전달하는 전략 이 그렇다.

세균도 페로몬과 비슷한 의사소통 방식을 쓰면서 살 아간다. 개별 세균 세포들이 결합해 특별한 가치가 있는 DNA를 교환하는 식이다. 집단의 밀도가 증가할 때, 일부 세균 종은 "정족수 감지(quorum sensing)"도 한다. 세포 주변 의 액체로 분비되는 화학 물질이 촉발 작용을 함으로써 일 어나는 반응이다. 정족수 감지는 협력 행동과 군체 형성으 로 이어진다. 후자 과정의 가장 잘 연구된 사례는 생물막 (biofilm) 형성이다. 자유롭게 헤엄치던 단세포 생물들이 모 여서 표면에 달라붙고, 집단 전체를 감싸고 보호하는 물질 을 분비한다. 이 조직된 미시 사회는 우리 주변 어디에든 존재하며 우리 몸속에도 있다. 닦지 않은 욕실 표면에 붙은 더께와 잘 닦지 않은 치아에 붙은 치태가 가장 흔히 접하는 사례다.

우리 종이 자신이 사는 페로몬으로 포화된 세계의 진 정한 본질을 이해하는 데 왜 그토록 오랜 세월이 걸렸는지 는 진화적으로 단순하게 설명할 수 있다. 무엇보다도 우리 는 몸집이 너무 커서 특별히 노력을 하지 않으면 곤충과 세 균의 삶을 이해할 수가 없다. 우리 선조들은 호모 사피엔스

수준으로 진화하기 위해 언어와 문명을 출현시킬 만큼 커질 수 있는 기억 은행을 담은 커다란 뇌를 갖추어야 했다. 게다가 직립 보행으로 손이 자유로워지면서 점점 더 정교한 도구를 만들 수 있게 되었다. 커다란 몸집과 직립 보행이 결합되어 인간은 코끼리와 소수의 예외적인 대형 유제류를 제외한 다른 모든 동물들보다 머리가 더 높은 곳에 놓이게 되었다. 그 결과 우리의 눈과 귀는 다른 거의 모든 동물들에게서 멀어졌다. 종의 99퍼센트 이상은 크기가 아주 작고 우리의 감각이 닿지 않는 땅에 붙어 있어서 주목을 받지 못한다. 마지막으로 우리 선조들은 페로몬이 아니라 시청각 채널을 써서 의사소통을 해야 했다. 페로몬을 비롯한 다른 모든 감각 채널은 우리에게 아주 느렸을 것이다.

요약하자면, 우리를 다른 생물들보다 우위에 서게 해준 바로 그 진화적 혁신들은 우리를 감각 장애자로도 만들었다. 그래서 우리는 생물권의 거의 모든 생물들을 대체로 의식하지 못한 채, 무분별하게 생물권을 파괴해 왔다. 인류가 처음 지구 전역으로 퍼지면서 기하급수적으로 불어나기 시작한, 인류 역사 초기에는 그 점이 별 문제가 안 되었다. 당시의 인구는 아직 적었고, 육지와 바다의 풍부하면서 우리에게 냄새를 풍기지 않는 생물들로부터 얼마든지 에너지와 자원을 걷을 수 있었다. 넓은 오차 범위를 허용할 만큼 시간과 공간이 충분했다. 그 행복한 시절은 끝났다. 우리는 페로몬의 언어로 말을 할 수 없지만, 다른 생물들이 어떻게 그렇게 하는지를 더 잘 파악하는 편이 좋을 것이다. 그들뿐 아니라, 우리가 의지하는 환경의 대부분을 구하는 일을 더 잘 해내려면 말이다.

8
초유기체

당신이 동아프리카의 어느 국립공원을 둘러보고 있는 관광객이라고 하자. 당신은 쌍안경을 눈에 대고 사자, 코끼리, 물소와 영양 떼를 관찰한다. 사바나의 상징적인 대형 포유동물들이다. 그런데 갑자기 몇 미터 앞 땅바닥에서 그 대륙의 장관을 이루는 야생 동물 가운데 가장 장엄하지만, 가장 덜 알려진 이들이 불쑥 튀어나온다. 지하의 개미집에서 쏟아져 나오는 수백만 마리의 군대개미 군체다. 흥분해서 물불 안 가리고 빠르게 무작위로 마구 돌아다니는 작은 개미들로 이루어진 거센 강물 같다. 처음에는 아무런 목적도 없이 그저 우글거리는 군중처럼 보이지만, 곧 개미들은 바깥으로 길게 뻗어나가는 행렬을 형성한다. 아주 빽빽하게 모이는 바람에 다른 개미들 위로 걸어 다니는 녀석들도 많다. 전체적으로 볼 때 행렬은 비비 꼬인 꿈틀거리는 밧줄 다발 같다.

감히 이 분노의 행렬을 건드리려는 동물은 전혀 없다. 먹이 조달자인 개미 한 마리 한 마리는 먹이가 될 만한 걸리적거리는 대상을 무엇이든 간에 격렬하게 물어뜯고 찌를 준비가 되어 있다. 행렬을 따라 병정개미들도 움직인다. 다리로 몸을 치켜 올리고서 집게 모양의 턱을 위로 치켜든 채 걷는 방어 전문가들이다. 군대개미는 잘 조직되어 있지만, 지도자는 없다. 맹목적으로 그 순간에 맨 선두에 도달한 일개미가 선봉이 된다. 하지만 곧 뒤에서 밀고 나오는 다른 개미에게 선봉을 빼앗긴다.

개미집에서 20미터쯤 나오면, 행렬의 선두가 점점 더 작은 행렬들로 갈라지면서 부챗살처럼 퍼진다. 곧 그들이 지나가는 땅은 곤충, 거미를 비롯한 무척추동물들을 사냥하고 붙잡는 행렬들과 개별 일개미들로 그물처럼 뒤덮인다. 이제 이 약탈의 목적이 명확해진다. 이 개미는 가능한 한 많은 작은 먹이를 잡아서 집으로 가져오는, 먹이를 가리지 않는 포식자다. 또 개미 행렬들은 그 속에서 빠져나오지 못하는 좀더 큰 동물도 통째로 또는 조각을 내어 집으로 가져온다. 도마뱀, 뱀, 작은 포유동물 같은 것들이다. 때로 혼자 있는 아기까지 잡아간다는 소문도 있다. 군대개미가 무자비하게 난폭한 모습을 보이는 데에는 그럴 만한 이유가 있다. 먹여야 할 입이 아주 많아서 많은 먹이가 필요하며, 그렇지 못하면 군체 전체가 금방 붕괴할 것이기 때문이다. 먹이 조달자들과 집안에서 지내는 일개미들의 조합인 군체 전체는 많으면 200만 마리의 불임 암컷들로 이루어진다. 모두 엄지만 한 여왕개미의 딸들이다. 이 여왕개미는 알려진 개미 중 가장 크다.

군대개미 군체는 지금까지 진화한 가장 극단적인 초유기체 중 하나다. 지켜볼 때 초점을 좀 흐릿하게 하면, 수미터 길이의 위족을 뻗어서 먹이 알갱이를 삼키려 하는 거대한 아메바처럼 보인다. 아메바나 다른 생물들과 달리, 이 초유기체의 단위는 세포가 아니며, 다리 6개가 붙은 온전한 몸을 갖춘 개별 생물이다. 이 개미, 이 단위 생물은 서로에게 철저히 이타적이며 너무나 완벽하게 조화를 이루기에 한 생물체 내의 결합된 세포 및 조직과 매우 비슷하다. 자연이나 영화에서 군대개미를 보면, 이 군체를 "그들"이 아니라 "그것"이라고 묘사하지 않고서는 못 배긴다.

알려진 개미 1만 4000종은 모두 초유기체인 군체를 형성하지만, 군대개미처럼 복잡하게 조직되어 있거나 거대한 군체를 이루는 종은 극소수다. 소년 시절부터 거의 70년 동안, 나는 단순하거나 복잡한 행동을 하는 전 세계의 개미 수백 종류를 연구해 왔다. 그러니 개미의 삶을 우리 자신의 삶에 어떤 식으로 적용할 수 있을지 (뒤에서 알게 되겠지만, 실질적인 용도는 극히 제한되어 있다.) 몇 가지 조언을 할 자격이 있다고 본다. 먼저 일반 대중으로부터 가장 자주 듣는 질문에서부터 시작하기로 하자. "우리 집 부엌에 개미가 나오는데 어떻게 하지요?" 나는 진심에서 우러나온 답을 한다. "걸음을 조심하세요. 그 작은 생물들을 밟지 않도록요." 개미는 꿀, 참치, 과자 부스러기를 특히 좋아한다. 그러니 그런 것들을 바닥에 놓아두고서, 처음 미끼를 발견한 정찰 개미가 냄새 자취를 남기면서 군체로 돌아가 보고하는 과정을 자세히 관찰해 보자. 그 뒤를 따라서 개미들이 행렬을 이루어서 먹이를 향해 다가올 때, 당신은 다른 행성에서 일어난다고 해도 좋을 기이한 사회적 행동을 보게 될 것이다. 부엌 개미를 해충이나 벌레가 아니라, 당신의 손님인 초유기체로 생각하시라.

두 번째로 가장 흔히 듣는 질문은 이것이다. "개미에게서 어떤 도덕 가치를 배울 수 있을까?" 나는 또 다시 명확히 대답할 것이다. 전혀 없다고 말이다. 개미로부터 배울 수 있는 것들은 모두 우리 종이 모방할 생각조차 할 필요가 없는 것들이다. 우선, 일하는 개미들은 모두 암컷이다. 수컷은 1년에 단 한 차례 출현해 짧은 삶을 산다. 그들은 날개, 커다란 눈, 작은 뇌, 뒤쪽 몸마디의 큰 부분을 차지하는 생식기를 갖춘 볼품없는 처량한 존재다. 그들은 집에서 아무 일도 하지 않으며, 짧은 생애에 오직 한 가지 기능만 한다. 혼인 비행 때 모두가 짝짓기를 하기 위해 날아올라 처녀 여왕을 수정시키는 것이다. 그들은 초유기체에서 단 한 가지 역할만을 하도록 되어 있다. 성적 미사일을 날리는 로봇 역할이다. 짝짓기를 하거나 짝짓기를 위해 최선을 다한 뒤 (처녀 여왕에 다가가기 위해 수컷끼리 큰 싸움을 벌일 때가 종종 있다.) 그들은 집으로 돌아오는 것이 허용되지 않는다. 대신 몇 시간 내에 죽도록 프로그램되어 있다. 대개 포식자에게 잡아먹힌다. 여기서 도덕적 교훈을 하나 얻자면 이렇다. 비록 교양 있는 거의 모든 미국인들과 마찬가지로 나도 성 평등을 적극적으로 주장하고 있지만, 개미의 성별 행동은 좀 극단적이라고 본다.

다시 개미집 안의 생활로 돌아가자면, 많은 종류의 개미들은 동족의 사체를 먹는다. 물론 나쁜 행동이다. 하지만 나는 그들이 상처 입은 동족도 먹어치운다는 말을 하지 않을 수 없겠다. 당신의 발에 짓눌리거나 죽은(고의가 아니라 우연이기를) 동료를 들고 돌아가는 일개미를 본 적이 있을 것이다. 아마 장렬히 전사했기에 묻어 주러 가나 보다 생각했을지도 모른다. 하지만 실제 목적은 더 사악하다.

개미는 나이를 먹을수록 개미집의 가장 외곽에 있는 방과 통로에서 지내는 시간이 더 늘어나며, 위험한 먹이 탐색 여행에 더 많이 나선다. 또 그들은 영토와 개미집 입구로 몰려드는 적군 개미를 비롯한 침략자들의 공격에 가장 먼저 노출된다. 사실 이 부분이 사람과 개미의 주된 차이점이기도 하다. 우리는 젊은이를 전쟁터에 보내는 반면, 개미는 할머니를 보낸다. 여기에 도덕적 교훈 따위는 전혀 없다. 더 저렴한 형태의 노인 복지 방식을 찾는 것이 아니라면 말이다.

아픈 개미도 늙은 개미와 함께 개미집의 외곽에서 머물며, 심하면 바깥에서 머물기도 한다. 개미 의사가 따로 있어서 개미 의원을 찾아 집을 떠나는 것이 아니다. 오로지 감염병으로부터 군체를 보호하기 위해서다. 일부 개미는 개미집 바깥에서 균류와 흡충에 감염되어 죽음으로써, 그 생물들이 번식할 수 있게 해 준다. 이 행동은 잘못 해석되기 쉽다. 당신이 나처럼 외계인 침략자나 좀비가 나오는 할리우드 영화를 너무 많이 보았다면, 기생 생물이 숙주의 뇌를 조종하는 것이 아닐까 생각할지도 모르겠다. 실상은 훨씬 단순하다. 병든 개미는 집을 떠남으로써 동족을 보호하려는 유전적 성향을 지니고 있다. 그러니 기생 생물은 나름대로 사회적으로 책임 있는 행동을 하는 개미를 이용하도록 진화한 셈이다.

모든 개미 종, 나아가 전 세계의 모든 동물 가운데 가장 복잡한 사회를 이루는 생물은 아메리카 열대의 잎꾼개미다. 멕시코에서 남아메리카의 난온대에 이르는 저지대의 숲과 초원에서는 중간 크기의 붉은 개미들이 긴 행렬을 이루어서 지나다니는 광경을 흔히 볼 수 있다. 그중에는 갓 잘라낸 잎, 꽃, 잔가지를 운반하는 개미들이 많다. 잎꾼개미는 수액을 마시기는 하지만, 갓 딴 식물의 고체 부위를 먹지는 않는다. 그들은 식물체를 개미집 깊숙이 운반한다. 그곳에서 식물체를 스펀지 같은 복잡한 구조물로 전환시킨다. 그리고 거기에 곰팡이를 키운다. 그들은 바로 그 곰팡이를 먹는다. 원료 채집에서 최종 산물 수확에 이르는 이 전체 과정은 일련의 전문가들이 일하는 일종의 조립 라인을 통해 수행된다. 바깥에서 일하는 잎꾼개미들은 중간 크기다. 그들은 짐을 들고 집으로 향할 때 자신을 방어할 수가 없다. 그래서 자신의 몸에 알을 낳으려는 기생성 벼룩파리에게 시달린다. 알에서 나온 구더기는 잎꾼개미의 살을 파먹으면서 자란다. 이 문제는 대체로 코끼리 등에 올라탄 사람처럼 개미 등에 올라탄 작은 자매 일개미가 뒷다리로 몰려드는 파리를 쳐서 내쫓음으로써 해결된다. 개미집 안에서는 잎을 채집하는 개미보다 좀더 작은 일개미들이 식물체를 지름 약 1밀리미터 크기로 조각낸다. 그러면 더 작은 개미들이 조각들을 씹어서 덩어리로 만들고 자신의 배설물을 비료로 추가한다. 이어서 더 작은 일개미들이 그 끈적거리는 덩어리로 채마밭을 만든다. 가장 작은 일개미 — 다른 개미 등에서 파리를 쫓는 개미와 같은 크기 — 들이 채마밭에서 곰팡이를 심고 가꾼다.

잎꾼개미에게는 계급이 하나 더 있다. 일개미들 중 가장 몸집이 큰 개체들이 속한 계급이다. 그들은 내전근이 들어차서 불룩해진 커다란 머리를 지니고 있으며, 이 내전근으로 가죽(당신의 피부는 말할 것도 없이)을 자를 만큼 강력한 힘으로 날카로운 턱을 닫을 수 있다. 그들은 개미핥기와 몇몇 몸집이 큰 포유동물을 비롯해 가장 위험한 포식자에 맞서는 쪽으로 분화한 듯하다. 그들은 개미집 깊숙한 방에 몸을 숨기고 있다가 집에 심각한 문제가 생길 때에만 달려 나온다. 최근에 컬럼비아로 야외 조사를 갔을 때, 나는 이 사나운 개미들을 거의 아무런 노력 없이도 지상으로 끌어낼 수 있는 방법을 우연히 발견했다. 나는 잎꾼개미의 집이 거대한 환기 시스템이라는 것을 알고 있었다. 중앙 쪽 통로에는 채마밭과 개미 수백만 마리가 뿜어내는 CO_2를 품은 따뜻해진 공기가 모여든다. 따뜻한 공기는 대류를 통해 꼭대기에 난 구멍을 통해 배출된다. 동시에 개미집 가장자리를 따라 나 있는 통로들의 입구를 통해 신선한 공기가 빨려 들어온다. 나는 이 가장자리의 통로에 입김을 불어서 내 포유류의 숨이 집 중앙까지 운반되면, 머리가 큰 병정개미들이 곧나를 찾아서 튀어나온다는 것을 발견했다. 물론 당신이 진지하기 그지없는 개미들에게 쫓기는 전율을 좋아하는 사람이 아니라면, 이 발견이 아무런 쓸모도 없으리라는 것을 인정한다.

개미, 벌, 말벌, 흰개미 같은 고도의 초유기체는 거의오로지 본능을 토대로 문명과 비슷한 것을 이루었다. 그들은 사람 뇌의 100만 분의 1에 불과한 크기의 뇌를 갖고서그 일을 해냈다. 게다가 놀라울 정도로 적은 수의 본능을이용해 그 업적을 달성했다. 초유기체의 진화를 조립 장난감 블록을 써서 만드는 식으로 생각해 보라. 몇 개의 기본부품을 서로 다른 방식으로 조립함으로써 아주 다양한 구조를 만들 수 있다. 그렇게 진화한 가장 효율적으로 생존하고 번식하는 초유기체들은 오늘날 정교한 복잡성으로 우리에게 경이로움을 안겨 준다.

초유기체 군체로 진화할 수 있었던 운 좋은 극소수 종들은 전반적으로 엄청난 성공을 거두어 왔다. 지금까지 알려진 사회성 곤충 약 2만 종(개미, 흰개미, 사회성 벌, 말벌을 더한)

은 알려진 약 100만 종의 곤충 가운데 겨우 2퍼센트에 불과하지만, 곤충 생물량의 4분의 3을 차지한다.

하지만 복잡성이 증가하면서 취약성도 커지며, 초유기체 세계의 슈퍼스타 중 하나인 양봉 꿀벌이 바로 그 점을 잘 보여 주는 사례다. 그리고 여기서 한 가지 도덕적 교훈도 얻을 수 있다. 닭, 돼지, 개처럼 우리와 공생 관계를 맺고 있는 독립적인 혹은 약하게 사회성을 띤 동물의 삶은 단순하기에, 그들에게 질병이 닥치면 수의사들이 진단해 문제를 대부분 해결할 수 있다. 하지만 꿀벌은 우리가 길들인 동물들 가운데 가장 복잡한 삶을 사는 존재다. 그들은 훨씬 더 복잡한 양상으로 환경에 적응해 왔기에, 어딘가 한 군데 어긋나면 군체 생활사의 이런저런 여러 부분에 피해가 생길 수 있다. 그래서 지금 유럽과 북아메리카에서 일어나고 있는 꿀벌 군집 붕괴 현상(colony collapse disorder)은 치료하기가 훨씬 더 어렵다. 현재 수많은 작물의 꽃가루받이와 인류의 식량 공급을 위협하고 있는 이 현상은 초유기체 전체의 본질적인 약점을 나타내는 것일 수도 있다. 아마 복잡한 도시와 상호 연결된 첨단 기술을 갖춘 우리와 마찬가지로, 꿀벌도 탁월하기 때문에 더 큰 위험에 놓이는 듯하다.

우리는 인류 사회를 초유기체로 묘사하는 말을 종종 듣는다. 좀 무리한 확대 해석이다. 우리가 협력, 노동의 분화,

잦은 이타적 행위를 토대로 사회를 구축한다는 것은 사실이다. 하지만 사회성 곤충이 거의 전적으로 본능의 통제를 받는 반면, 우리는 문화의 전달을 토대로 한 분업을 구축한다. 또 우리는 사회성 곤충과 달리, 너무 이기적이어서 한 생물의 세포들처럼 행동할 수가 없다. 거의 모든 사람은 각자의 운명을 추구한다. 그들은 스스로 번식을 하거나, 적어도 그 목적을 위해 적응을 거친 성행위의 일부 형태를 즐기고 싶어 한다. 그들은 언제나 노예 상태에 반발할 것이다. 그들은 일개미처럼 다루어지기를 원하지 않을 것이다.

9

미생물이 은하를
지배하는 이유

　태양계 너머에도 어떤 형태로든 생명이 있다. 전문가들
은 태양에서 100광년 내에 있는 가까운 별을 도는 지구형
행성들 중에 적어도 일부에 생명이 있을 것이라는 데 견해
가 일치한다. 긍정적인 쪽이든 부정적인 쪽이든 간에, 조만
간, 아마 10~20년 안에, 생명의 존재 여부를 말해 줄 직접
적인 증거가 나올지 모른다. 행성의 대기를 관통하는 항성
의 빛을 분광기로 분석함으로써 얻게 될 것이다. 분석을 통
해 생물만이 생성할 수 있는 (혹은 생명이 없다고 할 때 예상되는
기체 평형 상태보다 훨씬 더 많은) "생명 징후(biosignature)"를 보여
주는 기체 분자가 검출된다면, 외계 생명체의 존재는 잘 추
론된 가상의 차원에서 매우 개연성이 높은 차원으로 넘어

갈 것이다.

생물 다양성을 연구하는 사람으로서, 더 중요하게는 타고난 낙천주의자로서, 나는 지구 역사 자체도 외계 생명체 탐사에 정당성을 부여할 수 있다고 본다. 지구에서 생명은 바람직한 조건이 형성되자마자 곧 출현했다. 우리 행성은 약 45억 4000만 년 전에 탄생했다. 그로부터 1억~2억 년 사이에 지표면이 서식 가능한 곳이 되자마자 미생물이 출현했다. 서식 가능해진 시기부터 실제로 서식하게 된 시기 사이의 기간이 영겁에 가까운 듯이 여겨질지도 모르지만, 거의 140억 년에 걸친 은하수 전체의 역사에 비추어보면 하루도 채 안 되어 보일 만큼 짧은 기간이다.

지구 생명의 기원이 드넓은 우주에서 겨우 하나의 기준점에 불과하다고 인정한다. 하지만 점점 더 정교한 기술로 외계 생명체 탐색에 몰두하고 있는 우주생물학자들은 은하수의 우리가 속한 영역에서 적어도 몇몇, 아니 아마도 많은 행성들에서 비슷하게 생명이 기원했을 것이라고 믿는다. 그들은 물이 있으면서 "골디락스(Goldilocks)" 궤도에 있는 행성을 찾고 있다. 화로처럼 달구어질 만큼 항성에 너무 가깝지도 않고 물이 영원히 얼어붙어 있을 만큼 멀리 떨어져 있지도 않은 궤도다. 그러나 어느 행성이 현재 서식 불가능하다고 해서 언제나 그 상태였다는 의미는 아니라는 점도 명

심해야 한다. 더군다나 헐벗어 보이는 표면에도 생명을 지
탱할 만한 작은 공간 — 오아시스 — 이 존재할 수 있다. 또
다른 행성의 생명은 지구의 생물들이 사용하는 에너지원과
DNA가 아닌 다른 원소들을 써서 기원했을 수도 있다.

　여기서 불가피하게 예측되는 것이 하나 있다. 외계 생
명의 조건이 어떠하든 간에, 그들이 육지나 바다에서 번성
하든 작은 오아시스에 매여 있든 간에, 그들은 대체로 또는
전적으로 미생물일 것이다. 지구에서 이 생물들은 대개 대
다수의 원생생물(아메바와 짚신벌레 같은), 미세한 균류와 조류,
가장 작은 세균, 고세균(모습은 세균과 비슷하지만 유전적으로는 전
혀 다른), 피코동물(생물학자들이 최근에야 구별해 낸 극도로 작은 진
핵생물), 바이러스를 비롯해, 대부분 너무 작아서 맨눈으로
는 볼 수 없다. 어느 정도의 크기인지 감을 잡을 수 있도록,
우리 몸을 이루는 수조 개의 인간 세포 중 하나, 또는 독립
생활을 하는 아메바나 단세포 조류가 소도시만 하다고 하
자. 그러면 전형적인 세균이나 고세균은 축구장만 하고, 바
이러스는 축구공만 하다.

　언뜻 죽음의 덫처럼 보일 서식지에서도 지구의 동식물
들은 전반적으로 극도의 회복력을 보여 준다. 지구를 망원
경으로 훑는 외계 천문학자는 심해의 화산 분출구에서 나
오는 끓는점보다 높은 온도의 물에서 번성하는 세균이나

pH가 황산에 가까운 광산 유출수에서 번성하는 세균 종이 있음을 알아차리지 못할 것이다. 그 외계인은 지구에서 극빙 바깥에 있는 가장 살기 힘든 육지 환경이라고 여겨지는 남극 대륙의 맥머도 드라이밸리(McMurdo Dry Valley)의 화성 표면 같은 곳에 미생물이 우글거린다는 사실도 알아차리지 못할 것이다. 또 치명적인 방사선에 견디면서 플라스틱 용기를 변색시키고 틈새를 만들어 낼 만큼 생존력이 강한 지구 세균인 데이노코쿠스 라디오두란스(*Deinococcus radiodurans*)가 있다는 것도 모를 것이다.

태양계의 다른 행성들에도 지구 생물학자들이 극한생물이라고 부르는 그런 생물들이 있을까? 화성의 초기 바다에서 생물이 진화해 깊은 지하 수중에서 아직 살고 있을 가능성도 있다. 지구에서는 그렇게 깊은 지하에도 미생물이 풍부하다. 모든 대륙에는 고도로 발달된 동굴 생태계가 풍부하게 존재한다. 그런 곳에는 적어도 미생물이 존재하며, 대개는 곤충과 거미, 심지어 어류까지 살고 있다. 모두 칠흑 같은 어둠 속의 빈약한 환경에서 살아가기 위해 해부 구조와 행동이 분화해 있다. 더욱 놀라운 것은 지하 암석 자가 영양 미생물 생태계(SLIME, subterranean lithoautotrophic microbial ecosystem)다. 이 생태계는 지표면 근처에서부터 지하 1.4킬로미터까지 토양과 암석의 균열 부위에 퍼져 있으며, 암석을 대사해 얻은 에너지를 토대로 살아가는 세균들로 이루어진다. 최근에 지하 깊숙한 곳에서 그들을 먹으며 살아가는 새로운 선충 종이 발견되기도 했다. 지표면의 어디에서든 흔한 선충류보다 몸집이 더 작다.

태양계에는 화성 외에도 생물을 탐사할 만한 곳들이 있다. 적어도 생물학적으로 지구의 극한 생물과 비슷한 존재들을 찾을 가능성이 있는 곳들이다. 토성의 대단히 활동적인 작은 달인 엔켈라두스의 차가운 간헐천 주변이나 그 밑의 액체 물은 미생물 탐색을 할 만한 곳이다. 그리고 기회가 생긴다면, 우리는 목성의 달인 칼리스토, 유로파, 가니메데와 토성의 더 큰 달인 타이탄에 드넓게 펼쳐진 바다로도 탐사선을 보내야 한다(내 견해로는). 그 바다들은 모두 두꺼운 얼음에 뒤덮여 있다. 표면은 극도로 춥고 생명이 없을지 모르지만, 그 밑에는 생물이 살아갈 액체가 존재할 만큼 따뜻하다. 원한다면 우리는 두꺼운 얼음에 구멍을 뚫어서 그 밑의 물이 있는 곳까지 다다를 수도 있다. 현재 과학 탐사대가 100만 년 넘게 남극 대륙의 얼음에 뒤덮여 봉인되어 있던 보스토크 호까지 구멍을 뚫은 것처럼 말이다.

아마 금세기의 어느 때쯤 우리는—아니 우리의 로봇이 그럴 가능성이 더 높다.—생명을 찾아서 그런 곳들을 방문할 것이다. 나는 우리가 나아가야 하며, 나아갈 것이라고 믿는다. 인류의 집단적인 정신은 변경이 없이는 위축되기 때문이다. 모험과 머나먼 탐험을 갈망하는 마음은 우리 유전자에 새겨져 있다.

물론 외계로 향하는 천문학자들과 생물학자들의 궁극적 목표는 점점 더 멀리 나아가서 거의 헤아리기 어려운 기나긴 우주 공간을 가로질러서 항성과 그 주위를 도는 생명이 살 만한 행성에 다다르는 것이다. 깊은 우주 공간은 얼마든지 빛이 지나갈 수 있기 때문에, 아주 먼 외계 생명체를 찾아내는 일은 실현 가능성이 매우 높은 꿈이다. 2013년 일부 고장이 나기 전까지 케플러 우주 망원경이 수집한 자료들, 그리고 다른 우주 망원경들과 지상의 가장 강력한 망원경들로부터 얻은 산더미가 같은 자료들로부터 가능성이 있는 표적들을 많이 찾아낼 수 있을 것이다. 조만간에 말이다. 2013년 중반까지 거의 900개에 달하는 외계 행성들이 발견되었고, 머지않아 수천 개가 더 발견될 가능성이 높다. 최근에 항성 5개 중 하나 꼴로 지구만 한 행성을 지닌다고 확대 추정(주의할 것. 과학에서는 확대 추정을 위험한 과정이라고 본다.)한 예측도 나왔다. 사실 지금까지 찾아낸 행성계들을 보면, 지구 크기의 1~3배인 행성을 포함하고 있는 것이 가장 흔하다. 지구와 중력이 비슷한 행성들이다. 그렇다면 그 사실이 외계 공간에 생명이 있을 가능성에 관해 우리에게 말해 주는 것이 무엇일까? 첫째, 태양에서 10광년 이내에 다양한 유형의 항성이 10개 있고, 100광년 이내에는 약 1만 5000개, 250광년 이내에는 26만 개가 있다는 추정값을 생각해 보라. 지구 지질 역사의 초기에 생명이 기원했다는 점을 단서로 삼는다면, 100광년 이내에서 생명을 품은 행성의 수가 수십 개 또는 수백 개는 된다고 보는 것도 설득력이 있다.

가장 단순한 형태의 외계 생명체라도 찾아낸다면, 인류역사에는 양자 도약이나 다름없을 것이다. 자기 이미지라는 측면에서, 그 발견은 우주에서 인류가 구조상으로는 무한히 초라하면서도 성취 면에서는 무한히 장엄한 존재임을 확인시켜 줄 것이다.

과학자들은 외계 미생물의 유전 암호를 해독하기를 (절실히) 원할 것이다. 그런 생물을 태양계의 어딘가에 갖다 놓고서 분자 유전학적으로 연구를 할 수 있다면 얼마나 좋을까. 이 단계는 로봇을 이용하면 실현 가능하다. 그러면 그 생물을 굳이 지구로 가져올 필요가 없어진다. 그러면 생명의 암호를 둘러싼 상반되는 두 추측 중 어느 쪽이 옳은지가 드러날 것이다. 첫 번째는 외계 미생물 생명체가 지구의 생명체와 유전 암호가 다르며, 그들의 분자 생물학도 그에 따라 다를 것이라는 추측이다. 실제로 그렇다고 입증된다면,

즉시 전혀 새로운 생물학이 출현할 것이다. 더 나아가 우리는 지구 생명이 쓰는 유전 암호가 아마 은하에서 가능한 많은 암호 중 하나에 불과하며, 다른 행성계들의 유전 암호가 지구와는 전혀 다른 환경에 적응함으로써 기원했을 것이라는 결론을 내릴 수밖에 없을 것이다. 반면에 외계 생명체의 유전 암호가 지구 토착 생물의 것과 기본적으로 동일하다면, 은하 어디에서든 생명이 하나의 유전 암호를 통해서만, 즉 지구의 생명을 탄생시킨 것과 동일한 과정을 통해서만 기원할 수 있다고(비록 입증된 것은 아닐지라도) 주장할 수 있을 것이다.

아니면 일부 생물이 밀려드는 은하 우주 방사선과 태양 에너지 입자로부터 어떤 식으로든 보호를 받으면서, 수천 년 혹은 수백만 년 동안 극저온 휴면 상태로 우주 공간을 떠돌면서 행성간 여행을 할 수도 있다. 범생설(pangenesis)이라고 하는 미생물의 행성 간 또는 항성 간 여행은 과학 소설처럼 들린다. 그래서 나도 그 말을 꺼내기가 좀 망설여진다. 하지만 적어도 미미한 가능성으로서라도 고려할 필요가 있다. 우리는 태양계의 여기에서든 다른 어느 곳에서든 간에, 진화적 적응의 극단적인 사례라고 할 수 있는 지구의 엄청나게 다양한 세균, 고세균, 바이러스에 관해 아는 것이 거의 없다. 사실 지금 우리는 지구의 일부 세균이 우주 여행자가 될 준비가 되어 있음을 안다. 설령 (아마) 아무도 성공한 적이 없다고 할지라도 말이다. 고도 6~10킬로미터의 중층 대기와 상층 대기에는 살아 있는 세균들이 아주 많이 있다. 지름이 0.25~1미크론인 대기 입자의 평균 약 20퍼센트를 이루는 세균 중에는 대기층에서 주변에 떠 있는 탄소화합물을 대사할 수 있는 종들도 있다. 그들 중 일부가 그곳에서 번식하는 집단을 유지할 수 있는지, 아니면 그저 기류에 휘말려 올라온 일시적인 여행자인지 여부는 아직 잘 모른다.

아마 언젠가는 지구 대기 바깥의 다양한 거리에서 미생물을 잡는 그물을 드리울 날이 올 것이다. 그물은 대단히 얇은 재질로 만들어서 인공위성이 수십억 세제곱킬로미터에 걸쳐 끌고 다닌 뒤, 접어서 지상으로 가져오면 된다. 우주에서 이루어지는 그런 채집 활동을 통해 놀라운 결과가 나올 수도 있다. 가장 혹독한 조건을 견딜 수 있는 새로운 기이한 지구 태생의 세균을—혹은 그런 세균이 없다는 사실을—밝혀내기만 해도 그 노력은 충분히 할 가치가 있다. 그런 조사는 우주 생물학의 핵심 질문 중 두 가지에 답하는 데 도움을 줄 것이다. 지구 생물권의 현재 구성원이 존재할 수 있는 극단적인 환경 조건은 무엇일까? 그에 상응하는 혹독한 조건을 지닌 세계에서 생명이 기원할 수 있을까?

10

외계 생명체의
초상

이제 말하려고 하는 것은 추측이지만, 전적으로 추측
인 것만은 아니다. 지구의 수많은 동물 종들과 그들의 지질
학적 역사를 살펴본 뒤, 그 정보를 다른 행성에 살 법한 생
물들에게로 확대 추정함으로써, 우리가 지적인 외계 생물
의 모습과 행동을 대강 그려 낼 수 있지 않을까 하는 추측
이다. 제발 등을 돌리지 마시라. 이 접근 방식을 단숨에 내
치지 말기를 바란다. 대신에 새로운 증거에 맞추어서 규칙
을 바꾸는 과학적 게임이라고 하자. 이 게임은 할 가치가
있다. 설령 인간 수준이나 더 고등한 외계인과 접촉할 기회
가 한없이 미미하다는 것이 드러난다고 할지라도, 우리 종
의 더 선명한 자화상을 그릴 수 있는 맥락을 구축한다는 보

상을 얻게 된다.

　이 주제를 그냥 할리우드에 떠넘기고 싶은 유혹이 드는 것도 당연하다. 악몽에나 나올 법한 「스타워즈」의 괴물이나 「스타트렉」에 우르르 등장하는 펑크족 분장을 한 미국인들을 기가 막히게 만들어 내는 영화 산업에 말이다. 외계 미생물의 이모저모를 알아내는 것과 인간 수준의 혹은 그 이상의 지능을 지닌 외계 지적 생명체의 기원을 이해하는 일은 전혀 다른 문제다. 지구의 세균, 고세균, 피코동물, 바이러스 수준에 있는 원시적인 생물들의 자기 조직화 과정의 전반적인 원리를 상상하기란 어렵지 않으며, 머지않아 과학자들은 다른 행성에서 그런 미생물이 산다는 증거를 찾아낼지도 모른다. 하지만 인류를 낳은 가장 복잡한 수준의 진화는 지구에서 단 한 차례만 일어났으며, 그것도 6억 년 넘게 대단히 다양한 동물들이 진화한 뒤에야 비로소 일어났다.

　인간 수준의 특이점에 도달하기 전의 마지막 진화 단계, 즉 보호되는 둥우리에서 펼쳐지는 이타적 분업은 생명의 역사에서 겨우 20번 일어났다고 알려져 있다. 이 마지막 예비 단계에 도달한 계통 중 셋은 포유동물이다. 아프리카의 두더지쥐 두 종과 호모 사피엔스다. 후자는 아프리카 유인원 계통에서 나온 별난 부류다. 사회적 조직화를 달성한 20계통 가운데 14계통은 곤충이다. 나머지 세 계통은 산호초에 사는 새우류다. 하지만 인간을 제외한 나머지 계통의 동물들은 고도의 지능을 진화시키는 데 필요한, 충분한 크기의 몸을, 따라서 뇌 크기를 갖추지 못했다.

호모 사피엔스까지 이어진 선행 인류 계통은 독특한 기회와 유별난 행운이 결합된 산물이었다. 그런 일이 일어나지 않을 확률이 엄청나게 더 높았다. 인류 계통과 침팬지 계통이 갈라진 이래로 600만 년 동안, 현생 종으로 나아온 길 위에 있는 집단 중 어느 하나가 멸종했다면—늘 있는 끔찍한 가능성이다. 포유동물 종의 지질학적 수명은 평균 약 50만 년이기 때문이다.—인류 수준의 종이 다시 진화하는 데 1억 년이 더 걸렸을 수도 있다.

태양계 너머에서도 모든 조건들이 갖추어져야 하므로, 지적인 외계 생명체는 있을 법하지 않고 희귀할 가능성이 높다. 그 점을 고려하고, 그들이 존재한다고 가정한다면, 인간 수준이나 그 이상의 지능을 지닌 외계 생명체가 지구로부터 얼마나 가까운 곳에서 발견될지를 묻는 것도 타당하다. 근거를 갖고서 추측을 해 보자. 먼저 고려할 사항은 지난 4억 년 동안 지구에서 번성했던 대형 육상 동물 수천 종 가운데, 우리만이 그 수준까지 올랐다는 점이다. 다음은 행성계 중 지구형 행성을 지닌 것이 20퍼센트 남짓 되지만, 그중에 액체 물을 지니고 골디락스 궤도(항성에 구워질 만큼 너무 가까이 있지도 않고 영구히 얼어붙을 만큼 멀리 있지도 않은)에 있는 행성은 극히 적은 비율에 불과하다는 점을 생각하자. 이 단편적인 증거들은 매우 빈약하긴 하지만, 태양에서 10광년 이내에 있는 10개의 행성계 중 어딘가에서 고도의 지능이 진화했을 수도 있다고 추측할 근거를 제공한다. 1만 5000개의 행성계를 포함하는 태양에서 100광년 이내에서는 그런 사건이 일어날 가능성이 미약하긴 해도, 있다고 확신하기가 불가능할 정도는 아니다. 250광년 이내(26만 개의 행성계)에서는 그 확률이 급격히 높아진다. 지구에서의 경험을 엄밀하게 적용한다면, 이 거리에서는 불확실하면서 미약한 가능성이 개연성으로 바뀐다.

설령 감조차 잡기 힘든 먼 거리에 있기는 해도 문명을 지닌 외계 생명체가 저 바깥에 있다는, 많은 과학 소설 작가들과 천문학자들이 꾸는 꿈이 사실임이 드러난다고 하자. 그들은 어떻게 생겼을까? 어느 정도 근거를 갖고 두 번째 추측을 해 보자. 나는 지구의 엄청난 생물 다양성을 이루는 수백만 종의 알려진 적응 형질들을 유전되는 인간 본성의 진화 및 특성과 결합함으로써, 지구형 행성의 인간 수준의 외계인에 관한 논리적이지만 매우 엉성한 가설적인 초상화를 그리는 것이 가능하다고 믿는다.

외계인은 근본적으로 물 속이 아니라 육지에 사는 존재다.

인류 수준의 지능과 문명에 이르는 생물학적 진화의 마지막 단계를 거치는 동안, 그들이 가장 초기 단계를 넘어서 기술을 발전시키려면 통제된 불이나 다른 어떤 쉽게 운반할 수 있는 고에너지원을 이용했어야 한다.

외계인은 비교적 커다란 동물이다. 지구의 가장 지적인 육상 동물들—지능이 높은 순서대로 나열하면, 구세계 원숭이와 유인원, 코끼리, 돼지, 개—을 토대로 판단할 때, 지구와 질량이 같거나 비슷한 행성의 외계인은 체중 10~100킬로그램인 조상으로부터 진화했을 것이다. 몸집이 더 작으면 평균적으로 뇌가 더 작고, 그에 따라 기억 용량도 적고 지능도 더 낮다는 의미다. 대형 동물만이 영리해질 만큼 충분한 신경 조직을 지닐 수 있다.

외계인은 생물학적으로 시각과 청각에 주로 의존한다. 우리와 마찬가지로 그들도 고도 기술에 힘입어서 전자기 스펙트럼의 아주 넓은 영역에 걸친 다양한 진동수를 통해 정보를 교환할 수 있다. 하지만 그들도 일상적인 생각과 대화를 할 때에는 우리와 마찬가지로 그 스펙트럼의 좁은 영역을 이용하는 시각과 기압의 파동을 만들어 내는 소리를 이용한다. 빠른 의사소통을 하려면 그 두 가지가 필요하다. 외계인은 나비처럼 맨눈으로 자외선으로 세계를 보거나 인간이 감지하는 파장 범위 너머에 있는 이름 모를 원색을 맨

눈으로 볼지도 모른다. 그들이 의사소통을 위해 내는 소리는 우리 귀에도 들릴지 모른다. 하지만 그들이 철써기를 비롯한 여러 곤충들이 쓰는 고음이나 코끼리가 쓰는 저음을 쓸 수도 있다. 외계인이 의존하는 미생물 세계에서, 그리고 아마 동물 세계의 대부분에 걸쳐, 의사소통은 대부분 페로몬을 통해 이루어진다. 냄새와 맛을 통해 의미를 전달하는 화학 물질이다. 하지만 외계인은 우리와 마찬가지로 더 이상 그 매체를 쓸 수 없게 되었을지도 모른다. 냄새를 제어해 방출함으로써 복잡한 메시지를 전달하는 것이 이론상으로는 가능할지 몰라도, 언어를 만들어 내는 데 필요한 냄새의 진동수와 진폭을 변조할 수 있는 거리는 겨우 몇 밀리미터 내에 불과하다.

마지막으로, 외계인은 얼굴 표정이나 수화를 읽을까? 물론이다. 사념파는? 유감스럽지만, 나는 정교한 신경 생물학적 기술 말고는 그런 일을 해낼 방법이 없다고 본다.

외계인의 머리는 독특하고 크며 앞을 향해 있다. 지구의 모든 육상 동물들은 몸이 어느 정도 길쭉하며, 대부분 몸의 왼쪽과 오른쪽이 거울에 비친 듯한 좌우 대칭이다. 모두 빠르게 주변을 훑고 그 정보를 통합하고 행동을 할 수 있도록 적응한 머리에 놓인 주요 감각 기관들로부터 입력을 받는 뇌를 지닌다. 외계인도 전혀 다르지 않다. 그들의 머리도 몸에 비해 크며, 필요한 커다란 기억 은행이 들어갈 특수한 공간을 갖추고 있다.

외계인은 가볍거나 적당한 무게의 턱과 이빨을 지닌다. 지구에서 무거운 턱과 짓이기는 커다란 이빨은 질긴 식생을 먹고산다는 표시다. 송곳니와 뿔은 포식자를 방어하거나 같은 종의 수컷끼리 경쟁한다는 것을 시사한다. 그 단계로 진화하는 동안 외계인의 조상들은 야만적인 힘과 전투보다는 전략과 협력에 의지했을 것이 거의 확실하다. 또 그들은 인간과 마찬가지로 잡식성이었을 가능성이 높다. 에너지 함량이 높은 다양한 고기와 식물로 이루어진 식단만이 그 상승의 마지막 단계에 필요한 상대적으로 큰 집단을 구축할 수 있다. 인류에게서는 농경과 마을을 비롯해 신석기 혁명의 다양한 물품들이 창안되면서 일어난 일이다.

외계인은 사회적 지능이 아주 높다. 모든 사회성 곤충(개미, 벌, 말벌, 흰개미)도 그렇고, 구성원들이 끊임없이 그리고 동시에 서로 경쟁하면서 협력하는 무리를 지어 사는 가장 지능이 높은 포유동물도 대다수가 그렇다. 복잡하면서 빠르게 변동하는 사회 관계망에 맞추는 능력은 집단과 그 집단을 형성한 개체 양쪽에 다윈주의적 이점을 제공한다.

외계인은 관절로 연결된 몸마디로 이루어지고(사람의 팔꿈치와 무릎처럼), 내부 또는 외부의 뻣뻣한 뼈대의 지렛대 작용을 통해 최대의 힘을 발휘하는 자유롭게 움직이는 소수의 부속지와 그 끝에 움켜쥐고 접촉을 감지하는 데 쓰이는 끝이 뭉툭한 마디가 달린 부속지가 적어도 한 쌍은 있다. 지구에서 약 4억 년 전 최초의 육기 어류가 뭍으로 올라온 이래로, 개구리와 도롱뇽에서 조류와 포유류에 이르기까지 그들의 후손은 모두 사지를 지닌다. 게다가 육상 무척추동물 중 가장 성공했고 가장 수가 많은 종류는 움직이는 부속지를 6개 지닌 곤충과 8개 지닌 거미류다. 따라서 소수의 부속지가 유리하다는 것은 명백하다. 게다가 문화마다 특성과 디자인이 다른 인공물을 창안하는 것은 침팬지와 인간뿐이다. 다재다능한 부드러운 손가락 끝 덕분에 그런 것들을 만들 수 있다. 부리, 갈고리발톱, 긁어 파내는 발톱을 갖고 문명을 세운다는 것은 상상하기가 어렵다.

외계인은 도덕적이다. 어느 정도의 자기희생에 토대를 둔 집단 구성원들의 협력은 지구에서 고도의 사회성을 지닌 모든 종에게 나타난다. 그 협력은 개체 수준 및 집단 수준의 자연 선택을 통해, 특히 후자를 통해 출현했다. 외계인도 비슷하게 선천적인 도덕 성향을 지니고 있을까? 그리고 그들은 그 성향을 다른 생명체들까지 확장할까? 우리가 (불충분한 수준이긴 하지만) 생물 다양성을 보전하기 위해 해 왔듯이 말이다. 그들의 초기 진화를 일으킨 원동력이 우리의 것과 비슷하다면, 나는 그들이 마찬가지로 본능에 토대를 둔 비슷한 도덕 규약을 지닐 가능성이 높다고 본다.

지금까지 내가 외계인의 문명 출범 단계만을 상상하려고 시도하고 있다는 사실을 알아차렸을지도 모르겠다. 신석기 시대에서 이끌어 낸 인류의 초상에 상응하는 것이다. 그 시대 이후로 우리 종은 1만 년에 걸쳐 흩어진 마을들 속에서 틔운 문명의 싹에서부터 오늘날 세계적인 과학 기술 공동체에 이르기까지, 문화적 진화를 이루었다. 오로지 우연을 통해서 외계 문명이 수천년 전이 아니라 수백만 년 전에 동일한 도약을 이루었을 가능성도 있다. 우리가 지닌 수준의, 아니 우리보다 훨씬 더 나은 지적 능력을 토대로 그들이 이미 오래 전에 자신의 생물학적 측면을 바꾸기 위해 유전 암호를 조작했을 수도 있지 않을까? 그들은 개인의 기억 용량을 확장하고 낡은 감정을 줄이는 한편으로 새로운 감정을 계발하지 않았을까? 그럼으로써 과학과 예술에 무궁무진한 새로운 창의성을 추가하지 않았을까?

나는 그렇게 생각하지 않는다. 우리 인류도 질병을 일으키는 돌연변이 유전자를 바로잡는 것 외에는 그렇게 하지 않을 것이다. 나는 인간의 뇌와 감각계를 재구성하는 일이 우리 종의 생존에 불필요할 것이며, 적어도 한 가지 근원적인 의미에서 그것은 자살이나 다름없을 것이라고 본다. 모든 문화적 지식을 자판을 몇 번 누르기만 하면 얻을 수 있도록 한 뒤에, 이미 한창 진행되고 있지만 생각과 행동 양쪽으로 우리를 능가할 수 있는 로봇을 만들고 나면, 인류에게는 무엇이 남게 될까? 답은 하나뿐이다. 우리는 지금 있는 유달리 뒤죽박죽되어 있고 자기 모순적이고 내면 갈등을 빚는 무한히 창의적인 인간 마음을 보전하는 쪽을 선택할 것이다. 그것이야말로 진정한 창조물, 우리가 있다는 사실을 알아차리지도 그것의 의미를 알기도 전에, 운반할 수 있는 인쇄물과 우주여행이 출현하기 전에, 우리에게 주어진 재능이다. 우리는 기존 마음의 약하고 별난 꿈들 위에 이식하거나 그것을 보완할 새로운 마음을 발명하지 않는 쪽을 선택하는, 실존주의적 보수주의자가 될 것이다. 그리고 나는 영리한 외계인이 어디에 있든 간에, 그들도 같은 식으로 추론을 했을 것이라고 믿는 쪽이 더 마음이 편하다.

마지막으로, 만일 외계인이 지구가 있다는 것을 안다면, 그들은 지구를 정복하는 쪽을 선택할까? 이론상으로는 지난 수백만 혹은 수억 년에 걸쳐 그들 중 많은 이들이 언제였든 간에 그런 가능성을 떠올리고 고민도 했을 듯하다. 지구의 고생대 이래로 은하수의 우리와 가까운 곳 어딘가에서 정복자 외계인 종이 출현했다고 하자. 우리 종과 마찬가지로 출현했을 때부터 도달할 수 있는 서식 가능한 모든 세계를 정복하려는 충동에 이끌렸다고 하자. 그 우주적 생활권을 확보하려는 충동이 1억 년 전에 시작되었다고 하자. 이미 은하수가 한참 나이를 먹은 뒤다. 또 출항해 첫 번째 서식 가능한 행성에 다다르기까지 1만 년이 걸렸다고 상상하자(타당성 있게). 그곳에서부터 기술을 완성한 식민주의자들은 다시 1만 년에 걸쳐서 10개의 행성을 정복하기에 충분한 함대를 출항시킨다. 이렇게 기하급수적인 성장을 계속했다면, 패권자들은 이미 은하수의 대부분을 정복했을 것이다.

여기서 은하 정복이 결코 일어난 적이, 아니 시작된 적도 없으며, 우리의 초라한 작은 행성이 정복된 적도 없고 결코 정복될 일도 없을 것이라고 보는 타당한 이유를 두 가지 제시하고자 한다. 지구가 과거에 멸균된 로봇 탐사선의 방문을 받았거나, 어떤 먼 미래에 받을 가능성이 희박하게 있기는 하지만, 유기체인 창조자가 함께 오지는 않을 것이다. 모든 외계인은 한 가지 치명적인 약점을 지닌다. 우리의 몸이 매일 살아가는 필요한 공생 미생물들의 생태계에 상응하는 공생 미생물들의 생태계인 미생물총(microbiome)을 그들의 몸도 지니고 있을 것이 거의 확실하다. 외계인 정복자들은 작물이나 그에 상응하는 조류, 혹은 다른 어떤 열량을 제공해 줄 생물, 혹은 적어도 식량을 제공할 합성 생물도 데려와야 할 것이다. 그들은 지구의 모든 토착 동물, 식물, 균류, 미생물 종들이 자신과 자신의 공생체들에게 치명적이라고 올바로 가정할 것이다. 이유는 우리의 세계와 그들의 세계라는 두 생물 세계가 식민지화를 통해 한 곳에 모인 생명체들을 낳은 기원, 분자 기구, 무수한 진화 경로 측면에서 서로 근본적으로 다르기 때문이다. 외계인 세계의 생태계와 종은 우리의 것과 아예 화합이 불가능할 것이다.

그 결과 생물학적 재앙이 빚어질 것이다. 먼저 소멸하는 쪽은 외계인 정복자들일 것이다. 원주민들 — 우리가 절묘하게 잘 적응한 지구의 모든 동식물상과 우리 자신 — 은 짧게 매우 국지적으로만 영향을 받을 것이다. 두 세계의 충돌은 오스트레일리아와 아프리카 사이, 혹은 남아메리카와 북아메리카 사이에서 꾸준히 이루어지고 있는 동식물 종들의 교환과는 다를 것이다. 우리 종이 일으킨 그런 대륙 간 혼합 때문에 최근에 토착 생태계들이 상당한 피해를 입었다는 것은 사실이다. 이주자들 중에는 침입종으로서 살아가는 것들이 많다. 특히 인간이 교란한 서식지에 몰려 있다. 몇몇 종은 어찌어찌해 토착종을 멸종시키기도 한다. 하지만 그것은 행성 간 이주자가 직면할 지독한 생물학적 불화합성과 전혀 다르다. 서식 가능한 행성에 정착하려면, 외계인은 먼저 미생물 하나까지 남기지 않고 그곳에 사는 모든 생명을 없애야 할 것이다. 그보다는 차라리 수십억 년 더, 자신의 고향 행성에 머무르는 편이 더 낫다.

이제 우리의 허약한 작은 행성이 외계인을 두려워할 이유가 전혀 없다는 두 번째 이유를 말해 보자. 우주 탐사에 나설 정도의 외계인이라면 생물학적 식민화에 내재된 야만적이고 치명적인 위험도 확실히 이해할 것이다. 그들은 고향 행성에서 일어날 멸종이나 견딜 수 없을 혹독한 조건의 형성을 피하려면 자기 행성계 너머로 여행하기 오래 전에 지속 가능성과 안정한 정치 체계를 갖추어야 한다는 사실을 깨달았을 것이다. 그래서 침략하지 않고 로봇을 이용해 매우 신중하게 생명을 품은 다른 행성들을 탐사하는 쪽을 선택할지도 모른다. 그들은 고향 행성이 파괴되기 직전에 와 있지 않은 한, 다른 행성을 침략할 필요가 없다. 그들이 행성계 사이를 여행할 능력을 발전시켰다면, 행성의 파괴를 피할 능력도 계발했을 것이다.

현재 우리 중에도 인류가 지구를 다 소비한 뒤에 다른 행성으로 이주할 수 있을 것이라고 믿는 우주 열광자들이 있다. 그들은 내가 우리와 모든 외계 생명체를 위한 우주 원리라고 믿는 것을 유념해야 한다. 각 종에게 맞는 서식 가능한 행성은 단 하나밖에 없으며, 따라서 불멸할 기회도 단 한 번뿐이라는 것이다.

11
생물 다양성의
붕괴

지구의 생물 다양성을 한 역설에 감싸인 딜레마라고 생각해 보자. 그 역설은 다음의 모순을 가리킨다. 인류가 멸종시키는 종이 많을수록, 과학자들은 더 많은 새로운 종을 발견한다는 것이다. 하지만 잉카의 황금을 녹인 정복자들처럼, 그들은 엄청난 보물도 끝이 보이게 마련이라는 점을 인식하고 있다. 그것도 곧 말이다. 그 인식이 바로 딜레마를 낳는다. 후대를 위해 파괴를 중단할 것인가, 아니면 당면한 우리의 필요에 맞추어서 지구를 계속 변형할 것인가 여부다. 후자라면, 행성 지구는 무분별하고 돌이킬 수 없이 자기 역사의 새 시대로 진입할 것이다. 일부에서 인류세(Anthropocene)라고 하는, 다른 모든 생명은 부수적인 지위로 떨어지고 오직 우리 종만의, 우리 종만을 위한 시대로 말이다. 나는 이 비참한 미래를 에레모세(Eremocene), 즉 고독의 시대라고 부르고 싶다.

과학자들은 생물 다양성(나머지 모든 생명을 의미한다는 점을 명심하기를)을 세 수준으로 구분한다. 가장 높은 수준은 초원, 호수, 산호초 같은 생태계다. 그 아래에는 각 생태계를 구성하는 종이 있다. 그리고 맨 아래 수준은 각 종의 식별 형질을 규정하는 유전자다.

종수는 생물 다양성을 알려주는 편리한 척도 중 하나다. 1758년에 카를 린네(Carl Linnaeus)가 오늘날까지 쓰이는 형식 분류 체계를 고안했을 때, 그는 전 세계에서 약 2만 종을 파악했다. 그는 자신과 제자들 및 조력자들이 전 세계의 동식물상을 전부 또는 대부분 파악할 수 있을 것이라고 생각했다. 오스트레일리아 생물 자원 연구단(Australian Biological Resources Study)에 따르면, 2009년까지 파악된 생물은 190만 종이었다. 2013년에는 아마 200만 종에 이르렀을 것이다. 그래도 여전히 린네 여정의 아직 초입에 머물러 있다. 자연에 있는 실제 종수가 얼마나 되는지는 근삿값조차도 얻지 못하고 있다. 아직 발견되지 않은 무척추동물, 균류, 미생물까지 포함시키면 추정값은 500만 종에서 1억 종까지 크게 벌어진다.

한 마디로 지구는 거의 알려지지 않은 행성이다. 생물 다양성을 파악하는 속도도 여전히 느린 상태다. 전 세계의 연구실과 박물관마다 신종들이 넘치지만, 연구가 되어 새 이름이 붙여지는 생물은 연간 약 2만 종에 불과하다. (지금까지 내가 전 세계의 개미들을 조사해 기재한 신종은 약 450종이었다.) 이 속도라면, 500만 종이라는 적은 추정값을 채택한다고 해도 23세기 중반쯤에야 일이 마무리될 것이다. 그런 굼벵이 같은 속도라니 생물학의 수치가 아닐 수 없다. 거기에는 분류학이 완성된 상태이고 생물학의 낡은 분야라는 잘못된 인식이 밑바탕에 깔려 있다. 그 결과 여전히 대단히 중요한 이 분야는 대체로 학문의 전당에서 밀려나서 자연사 박물관에 처박힌 상태이며, 박물관들은 예산 부족에 시달려서 연구 과제를 줄일 수밖에 없다.

기업과 의료계에도 생물 다양성 탐사를 지원하는 곳은 거의 없다. 대단히 잘못 생각하는 것이다. 그 결과 과학 전체가 엄청난 손실을 입고 있다. 분류학자는 단순히 종의 이름을 붙이는 것보다 훨씬 더 많은 일을 한다. 그들은 자기가 전공한 생물의 전문가이자 일차 연구자다. 우리 자신의 삶이 궁극적으로 의존하고 있는 선충, 진드기, 곤충, 거미, 요각류, 조류, 풀, 국화 같은 세계를 지배하는 집단들을 포함해, 인간 이외의 생물들에 관해 알려진 사항들을 알고 싶다면 대개 그들에게 물어야 한다.

한 생태계의 동식물상도 단순히 동식물들이 모여 있는 것이 아니다. 생태계는 상호 작용하는 복잡한 체계이기도 하다. 특정한 조건에서 어느 종이 사라지면, 생태계 전체가 심각한 영향을 받을 수 있다. 인간의 압력을 받는 어떤 생태계든 간에, 흔히 수천 종을 넘는 그 생태계를 구성하는 종들을 다 알지 못한 상태에서 막연히 지속 가능하게 만들기란 불가능하다. 그 점은 환경과학의 불편한 진실이다. 분류학과 그것을 토대로 한 생물학 연구들로부터 나오는 지식은 생태학뿐 아니라, 의학을 위한 해부학과 생리학에도 필수적이다.

한편 과학자들은 어느 생물이 "핵심종(keystone species)"일 가능성이 높은지를 종종 잘못 판단하곤 한다. 핵심종은 그 생태계의 생물들이 의존하는 종이다. 세계에서 가장 강력한 핵심종은 해달일지도 모른다. 족제비의 사촌으로서 고양이만 한 해달은 알래스카에서 캘리포니아 남부까지 이르는 연안에 산다. 호사스러워 보이는 털가죽이 아주 비싸게 팔렸기 때문에, 이 종은 사냥으로 19세기 말에 거의 멸종 지경에 이르렀다. 그리고 그 결과 생태학적 재앙이 일어났다. 해저에 부착된 상태로 수면까지 뻗어 올라오는 울창한 해조류 식생인 켈프(kelp) 숲은 얕은 물에 사는 수많은 해양 종들의 집이자 좀 더 깊은 물에 사는 종들의 보육실 역할을 하는데, 해달이 사라지자 이 숲도 대부분 사라졌다. 원인은? 해달은 주로 성게를 잡아먹으며, 가시투성이 무척추동물인 성게는 주로 켈프를 먹는다. 해달을 없애자, 성게 집단이 폭발적으로 불어났고, 해저의 드넓은 영역이 성게 황무지라고 불릴 정도로 사막처럼 변했다. 나중에 해달을 보호함으로써 해달의 수가 다시 늘어나면서 번성하자, 성게가 줄어들었고 켈프 숲도 돌아왔다.

지구의 살아 있는 환경을 이루는 종의 대부분을 모르고 있는데, 어떻게 종을 보호할 수 있단 말인가? 보전생물학자들은 아주 많은 종이 발견되기도 전에 멸종하고 있다고 한 목소리로 말한다. 순수한 경제적인 의미로 볼 때, 멸종의 기회비용은 엄청나다는 사실이 입증될 것이다. 겨우 소수의 야생종들을 연구한 결과만으로도 인간의 삶의 질은 크게 향상되어 왔다. 다양한 의약품, 새로운 생명 공학, 농업의 발전이 대표적이다. 적절한 균류 종이 전혀 없다면, 항생제도 없을 것이다. 선택적 교배에 이용할 먹을 수 있는 줄기, 열매, 씨를 지닌 야생 식물이 없다면, 도시도 문명도 없을 것이다. 늑대도 개도 없을 것이다. 야생 가금류도, 닭도 없을 것이다. 말도 낙타도 없을 것이고, 인력으로 끄는 운반 수단과 봇짐에 의존해 땅 위를 돌아다녀야 했을 것이다. 물을 정화해 서서히 흘려 보내는 숲도 없고, 생산성이 낮은 메마른 땅에 자라는 작물 외에는 농사도 없을 것이다. 야생의 식생도 식물성 플랑크톤도 없을 것이고, 호흡할 공기도 부족할 것이다. 그리고 자연이 없다면, 인간도 없다.

생물 다양성에 인간이 미치는 영향을 가능한 한 짧게 요약하자면, 자살 공격이라고 할 수 있다. 자신이 파괴하는 생명의 생물량을 연료로 삼는 분별없는 거인의 행동이다. 파괴 방식은 히포(HIPPO)라는 약어로 요약할 수 있다. 세계 대부분의 지역에서 이 약어의 왼쪽부터 오른쪽으로 갈수록 중요도는 낮아진다.

서식지 상실(Habitat loss, H). 가장 주된 파괴 방식이다. 삼림 파괴, 초지의 개간, 더 나아가 우리의 모든 부절제한 행위로부터 나온 거대한 골렘인 기후 변화를 통해 서식 가능한 면적이 줄어드는 것을 가리킨다.

침입종(Invasive species, I). 인간이나 환경, 혹은 양쪽에 피해를 일으키는 외래종으로서 전 세계에서 문제를 일으키고 있다. 이들의 동태를 조사해 온 모든 나라에서 이들은 다양성과 수가 기하급수적으로 증가하고 있다. 검역 조치가 개선되고 있음에도, 점점 더 빠르게 많은 외래종이 쏟아져 들어온다. 지금 플로리다 남부에는 예전에 없었던 (지금은 멸종한 캐롤라이나앵무를 제외하고) 온갖 앵무들이 살고 있으며, 각각

아시아와 아프리카에서 온 두 종의 비단뱀이 먹이 사슬의
정점에서 앨리게이터와 경쟁하고 있다.

하와이는 미국에서 멸종의 본산이라고 할 수 있다. 미
국의 다른 모든 주들보다 토착 식물, 새, 곤충 — 다른 곳에
서는 전혀 찾아볼 수 없는 종과 아종 — 을 훨씬 더 많이 잃
었다. 약 1000년 전 폴리네시아인들이 처음 도착했을 때 있
었던 것으로 추정되는 조류 고유종 71종 가운데 42종만 남
아 있다. 그들은 두 수준에서 타격을 입어 왔다. 19세기에
우연히 모기가 들어옴으로써, 조류수두가 널리 퍼지게 되
었다. 또 멧돼지는 고지대 숲의 토양을 헤집어서 바닥을 지
저분한 먼지와 진흙 구덩이로 만들어 놓았고, 그 결과 모기
유충이 번식하기에 좋은 오래 유지되는 물웅덩이가 형성되
곤 했다.

또 세계적인 규모로 마찬가지로 치명적인 영향을 미
치고 있는 것은 개구리에 기생하는 생물인 항아리곰팡이
(*Batrachochytrium dendrobatidis*)인데, 이 곰팡이는 인간의 도움으로
아메리카의 열대 지역과 아프리카로 들어갔다. 이 기생 생
물은 감염된 동물이 들어 있는 어항을 통해 운반되는 것이
분명하다. 이 곰팡이는 피부로 번지며, 개구리는 피부 호흡
을 하기 때문에, 감염된 개구리는 질식해 죽는다. 개구리
수십 종이 멸종했거나 멸종 위험에 처해 있다.

그리고 그것만으로는 부족하다는 듯이, 온전한 하나의 생태계 전체를 파괴할 수 있는 침입 식물 종도 있다. 전 세계에서 널리 원예용으로 기르는 아메리카 열대 원산의 아름다운 작은 나무인 벨벳나무(velvet tree, *Miconia calvescens*)가 대표적이다. 폴리네시아의 섬들에서 이 나무는 관리를 하지 않으면 다른 모든 식물들과 대부분의 동물들이 들어갈 수 없을 만큼 무성하고 크고 빽빽하게 자라나는 위협적인 존재가 된다는 것이 드러났다.

오염(Pollution, HIPPO의 첫 번째 P). 민물 생태계의 어류를 비롯한 생물들에게 가장 큰 피해를 입혀 왔다. 하지만 상류의 농경지에서 흘러나오는 오염된 물을 받는 바다 중 400곳 이상에서도 산소가 없는 "죽은 해역"이 형성되어 있다.

인구 증가(Population growth, 두 번째 P). 사실상 다른 모든 요인들의 촉매 역할을 하는 힘이다. 피해는 금세기 말에 정점에 이를 것으로 예측되는 인구 증가 자체로부터 나온다기보다는, 경제가 나아짐에 따라 전 세계에서 1인당 소비량이 걷잡을 수 없이 급속히 증가한다는 데에서 나온다.

마지막으로, 남획(overharvesting, O)의 역할은 1850년대부터 현재까지 다랑어와 황새치 같은 다양한 원양어류 종들의 전 세계 어획량이 96~99퍼센트가 줄어들었다는 점에서 잘 드러난다. 종 자체가 희귀해지고 있을 뿐 아니라, 잡히는 개체도 평균적으로 더 몸집이 작아졌다.

물론 세계적으로 생물 다양성을 파악하고 구하려는 열 띤 노력이 펼쳐지고 있다. 해양 생물 총조사(Census of Marine Life)와 생명 백과사전(Encyclopedia of Life)이라는 사업 덕분에 지금 우리는 알려져 있는 지구 종들의 대부분을 인터넷을 통해 알 수 있다. 더 빨리 더 정확히 새로운 종을 발견하고 이미 이름이 붙어 있는 종을 식별하는 데 도움을 주는 신 기술들도 계속 나오고 있다. 그중 가장 인상적인 방법은 바 코드를 이용하는 것이다. DNA에서 종별 변이가 심한 짧 은 영역을 읽어서 종을 식별하는 방법이다. 국제 보전 협회 (Conservation International), 세계 야생 동물 기금, 세계 자연 보 전 연맹 같은 기구들은 많은 정부 기관 및 민간 단체와 협 력해 생물 다양성 상실을 저지하기 위해 할 수 있는 모든 일을 하고 있다. 때로 영웅적인 행동을 보이기도 한다.

이런 노력이 얼마나 성과가 있었을까? 2010년에 전 세 계 155곳의 연구 기관에 있는 전문가들이 협력해 척추동 물(포유류, 조류, 파충류, 양서류, 어류) 2만 5780종의 지위를 평 가했다. 각 종은 안전 등급에서부터 위급 등급까지 분류되 었다. 전체 종의 5분의 1이 위협을 받고 있다는 사실이 드 러났으며, 해마다 평균 52종이 멸종을 향해 한 등급씩 내 려가고 있었다. 멸종률은 인류가 세계로 퍼지기 이전보다

100~1000배 높게 유지되고 있다. 2010년 연구 이전에 이루어진 보전 노력들은 그런 노력이 없었다고 했을 때보다 악화 속도를 적어도 5분의 1은 늦추었다고 추정되었다. 이것은 진정한 발전이지만, 지구의 살아 있는 환경을 안정시키려면 아직 멀었다. 어떤 치명적인 유행병이 돌 때 환자의 약 80퍼센트는 죽도록 놔두는 것이 (예산 지원을 제대로 못 받는) 의학계가 할 수 있는 최선의 노력이라고 한다면, 우리는 어떤 생각이 들까?

금세기의 나머지 기간에 인류가 점점 더 강하게 환경과 생물 다양성 감소에 미치는 영향은 병목 지점에 도달할 것이다. 우리는 자신과 나머지 생명을 가능한 한 많이 그 병목 지점 너머에 있는 지속 가능한 세계로 데려갈 모든 책임을 안고 있다. 우리의 선택은 지극히 도덕적인 선택이 될 것이다. 그 일에 성공할지 여부는 아직 부족한 지식과 아직 느끼지 못한 배려하는 마음에 달려 있다. 모든 종 가운데 우리만이 생물 세계의 실상을 이해하고, 자연의 아름다움을 보고, 개체에게 가치를 부여해 왔다. 우리만이 동족에게 향한 자비심의 질을 측정해 왔다. 이제 같은 자비심을 우리를 낳은 생명 세계로 확장해야 하지 않을까?

IV

마음의 우상들

제1차 계몽 운동의 주된 성취 중 하나인, 프랜
시스 베이컨이 파악한 인류의 지적 취약성은
이제 과학적 설명을 통해 재정의될 수 있다.

12
본능

프랑스 작가 장 브륄레르(Jean Bruller, 필명 베르코르)는 1952년 소설 『인수재판(Les Animaux dénaturés)』에서 이렇게 선언했을 때, 방향을 올바로 짚었다. "인간의 모든 문제는 우리가 자신이 누구인지 알지 못하고 우리가 어떤 존재가 되고 싶은지 의견이 갈린다는 사실로부터 비롯된다."

우리 여행의 이 시점에서 나는 원점으로 돌아와서 일반 생물학의 도움을 받아 인간 존재가 왜 그토록 수수께끼인지를 설명한 다음, 그 수수께끼를 해결할 만한 방법들을 제시하는 데까지 논의를 확장하자고 제안하려 한다.

인간의 마음은 외부의 인도를 받아서 순수 이성이나 감정 충족이라는 어느 한쪽으로 향하도록 진화하지 않았다.

늘 그래 왔듯이, 여전히 이성과 감정 양쪽을 이용하는 생존 기구로 남아 있다. 마음은 가능한 수백만 가지의 길 중 하나를 선택하는 연속된 과정 속에서, 크고 작은 단계들의 미로를 헤치면서 나아온 끝에 지금의 형태를 갖추었다. 미로의 각 단계는 뇌와 감각계의 형태 및 기능을 규정하는 유전자들의 각기 다른 형태들에 작용하는 하나의 돌연변이 사건과 자연 선택이었다. 오락가락하는 그런 사건들을 거치면서 유전체는 지금 수준에 이르렀다. 진화하는 유전체는 각 단계마다 얼마든지 쉽게 이쪽 또는 저쪽 경로로 방향이 바뀔 수 있었고, 그러면 다른 유형의 뇌와 감각계를 지닌 생물로 분화할 수 있었다. 궁극적으로 인간 수준에 도달할 기회는 각 단계를 거칠 때마다 급감했을 것이다.

우리가 인간 본성이라고 말하는 이성과 감정의 독특한 결합물은 인간 수준의 능력을 지닌 뇌와 감각계를 갖출 수 있었을 많은 유형들 가운데 첫 번째로 나온 자동적으로 생성된 산물, 즉 상상할 수 있는 많은 산물 중 하나였을 뿐이다.

그것이 바로 종으로서의 우리의 자기 이미지가 늘 깊은 편견과 오해에, 즉 4세기 전 베이컨이 말한 미신과 기만이라는 "우상(idol)"에 왜곡되어 온 이유다. 그 우상들은 그 위대한 철학자가 말한 문화적 사건들이 아니라, "마음의 일반적인 특성"이 우리에게 부과한 것이다.

따라서 언제나 그런 상태였다. 늘 혼란이 가득했다. 한 예로 1970년대 말까지도 사회 과학자들의 시선은 주로 인문학을 향해 있었다. 인간 행동이 생물학적으로 기원한 것이 아니라 주로, 아니 전적으로 문화적으로 기원했다는 것이 그들의 주된 견해였다. 본능과 인간 본성 같은 것은 아예 없다고 주장하는 극단주의자들도 있었다. 20세기 말이 되자, 그들의 시선은 방향을 돌려 생물학을 향했다. 지금은 인간의 행동이 강한 유전적 요소를 지닌다는 생각이 널리 받아들여져 있다. 본능과 인간 본성은 실재한다. 비록 얼마나 뿌리 깊고 강한지는 아직 논란거리이긴 하지만 말이다.

적어도 극단적인 견해를 보면, 양쪽 다 반은 옳고 반은 틀리다. 때로 본성 대 양육 논쟁이라고 말하곤 하는 이 역설은 다음과 같이 인간 본능의 현대적 개념을 적용함으로써 해결할 수 있다.

인간의 본능은 기본적으로 동물의 본능과 동일하다. 하지만 대다수 동물 종이 드러내는 유전적으로 고정된 틀에 박힌 행동은 아니다. 동물 본능의 고전적인 교과서적인 사례는 북반구 전역의 민물과 바닷물에 사는 어류인 큰가시고기 수컷의 세력권 방어 행동이다. 번식기에 각 수컷은 작은 영역을 확보하고서 다른 수컷들로부터 지키는 행동을 한다. 이 시기에 수컷의 배쪽은 새빨간 색을 띤다. 수컷은 배가 붉은 다른 물고기, 따라서 경쟁자인 큰가시고기 수컷이 자기 세력권을 침입하면 무조건 공격한다. 사실 이 반응은 "다른 물고기"라는 말이 시사하는 것보다 훨씬 더 단순하다. 수컷의 공격 반응을 활성화하는 데에는 굳이 실제 물고기의 온전한 모습을 알아볼 필요가 전혀 없다. 수컷의 상대적으로 작은 뇌는 그저 붉은 배에 반응하도록 프로그램이 되어 있다. 물고기를 닮지 않은 원형이나 다른 형태의 나무 조각에 붉은 점을 칠해서 갖다놓아도, 큰가시고기 수컷은 마찬가지로 격렬하게 공격했다.

예전에 우리 연구실에는 세력권 과시 행동을 연구하기 위해, 서인도 제도의 여러 섬에서 온 아놀도마뱀(anole lizard)들이 있었다. 엄지손가락만 한 이 파충류는 나무와 덤불 어디에서든 많이 있으며, 곤충, 거미 같은 작은 무척추동물들을 잡아먹는다. 성체 수컷은 목 아래쪽의 목주름(dewlap)이라는 피부막을 낮춤으로써 경쟁자를 위협한다. 목주름은 종마다 색깔이 다르며, 대개 연하게 붉은색이나 노란색, 흰색을 띤다. 그리고 같은 종의 수컷은 오로지 자기 종의 목주름 색깔에만 반응한다. 나는 목주름의 세력권 과시 행동을 일으키는 데 수컷이 두 마리도 아니고, 한 마리만 있으면 된다는 것을 알아차렸다. 사육통의 한쪽에 거울을 갖다대기만 하면 되었다. 그러면 도마뱀 수컷은 자신의 모습을 보고서 과시 행동을 보였다(매번 그랬다.).

바다거북 어미는 알을 낳을 때에만 뭍으로 올라오며, 해변의 모래 속에 낳은 알에서 새끼 거북이 부화한다. 새끼 거북은 각자 모래를 파고 나와 바다를 향해 기어간다. 바다에 다다르면 평생을 그곳에서 지낼 것이다. 하지만 갓 깨어난 새끼 거북은 물가에서 풍겨 나오는 냄새에 끌리는 것도, 해변의 여러 독특한 풍경에 끌리는 것도 아니다. 새끼 거북을 유혹하는 것은 수면에서 반사되어 더 밝게 반짝이는 빛이다. 연구자들이 더 밝게 빛나는 불빛을 근처에 놓자, 새끼 거북들은 그쪽으로 향했다. 불빛이 바다와 정반대쪽에 놓여 있을 때에도 마찬가지였다.

인간과 큰 뇌를 지닌 다른 포유동물들도 타고난 주요 자극과 본능의 인도를 받지만, 그것들이 하등동물의 것처럼 거의 경직되고 외골수적으로 작용하지는 않는다. 대신에 유달리 인간은 심리학자들이 준비된 학습(prepared learning)이라고 말하는 것에 지배를 받는다. 인간이 타고나는 것은 가능한 많은 대안들 가운데 하나 또는 서너 가지의 행동을 학습할 가능성이다. 그 편향된 행동들 가운데 가장 강력한 것이 바로 모든 문화가 공유하는 것이다. 설령 비합리적으로 보이고 다른 선택의 여지가 많아 보일 때에도 그런 행동이 선택된다.

나는 약한 거미공포증이 있다. 나는 거미집에 매달려 있는 커다란 거미를 이따금 만지려고 시도를 하긴 하지만, 도저히 만질 수가 없다. 물지 않으리라는 것을 알면서도, 또 설령 문다고 해도 독이 없다는 것을 알 때에도 그렇다. 나는 여덟 살 때 거미집을 잣는 왕거미속(*Araneus*)의 커다란 거미가 와락 달려드는 행동에 깜짝 놀란 뒤로, 이 근거 없는 두려움을 지녀 왔다. 내가 그 괴물(내게는 그렇게 보였다.)을 자세히 살펴보러 다가갔을 때, 거미는 거미집 한가운데에 음흉하게 가만히 있다가 갑작스럽게 달려들어서 나를 놀라게 했다. 현재 나는 그 거미의 학명을 비롯해 생물학적인 사항들을 많이 안다. 다년간 하버드 대학교 비교동물학 박물관의 곤충학 큐레이터로 일했으니 당연한 일이다. 그럼에도 나는 거미집에 붙어 있는 커다란 거미를 건드리고 싶지 않다. 아니, 건드릴 수가 없다.

이런 유형의 혐오감은 때로 완전한 공포증으로 발전하기도 한다. 즉 공황 상태, 욕지기, 그 두려움의 대상을 이성적으로 생각하는 것조차 불가능해지는 상황에 이른다. 심하지 않은 근거 없는 혐오감의 사례를 고백했으니, 내가 진정한 공포증도 하나 지니고 있다는 점도 털어놓아야겠다. 나는 팔을 세게 붙들리고 무언가가 얼굴을 뒤덮을 때 견딜 수가 없으며, 그런 장면을 상상하는 것조차도 힘겹다. 나는 이 반응이 시작된 순간을 확실히 기억한다. 거미에 소스라치게 놀란 바로 그 해인 여덟 살 때, 나는 무시무시한 눈 수술을 받았다. 나는 19세기 방식으로 마취되었다. 내가 기억하는 한, 아무런 설명도 듣지 못한 채 수술대 위에 반듯이 눕혀졌다. 이어서 양팔이 단단히 묶이고 얼굴 위에 천이 덮였고 그 위로 에테르가 똑똑 떨어졌다. 나는 비명을 지르면서 몸부림을 쳤다. 내 안의 깊숙한 무언가가 이렇게 말했던 것이 분명하다. 두 번 다시 안 할 거야! 지금도 나는 그 공포증의 환상을 스스로 "실험"하고는 한다. 나는 강도가 나타나 총부리를 겨누고 내 양팔을 묶고 머리에 두건을 씌우겠다고 말하는 장면을 상상한다. 이 시나리오에서 나는 이렇게 반응한다. "안 돼! 하지 마. 그냥 나를 쏴 버려." 나는 실제로도 그럴 것이라고 믿는다. 묶인 채 두건을 쓰느니 차라리 죽고 말겠다.

공포증을 제거하려면 긴 시간과 많은 치료가 필요하다. 하지만 나를 포함한 많은 이들이 개인적으로 알아차렸듯이, 공포증은 단 한 번의 경험으로도 생길 수 있다. 사례를 또 하나 들자면, 땅바닥에서 꿈틀거리는 무언가가 갑자기 출현하는 것만으로도 일부 사람들은 뱀에 공포증을 지니게 될 수 있다.

그런 과잉 학습이 어떤 이점을 제공할 수 있을까? 단서는 공포증을 일으키는 대상 자체에 있다. 주로 거미, 뱀, 늑대, 흐르는 물, 폐쇄된 공간, 낯선 이들의 무리가 공포증을 일으킨다. 이 대상들은 수백만 년에 걸쳐 선행 인류와 초기 인류 수렵 채집인을 위험에 빠뜨리던 것들에 속한다. 우리의 먼 조상들은 종종 사냥을 하다가 골짜기 가장자리에 너무 가까이 다가가거나, 부주의하게 독사를 밟거나, 적 부족의 습격대와 마주침으로써 다치거나 죽고는 했다. 그러니 빨리 배우고, 그 사건을 오래 생생하게 기억하고, 합리적인 생각을 할 겨를 없이 단호하게 행동하는 것이 가장 안전했다.

대조적으로 자동차, 칼, 총, 소금과 설탕의 지나친 섭취는 현대인의 주된 사망 원인들이다. 하지만 그런 것들을 회피하는 타고난 성향은 전혀 진화하지 않았다. 진화에 필요한 시간이 부족해서 그런 회피 성향이 우리 뇌에 아로새겨지지 않았을 가능성이 높다.

공포증은 극단적인 사례이지만, 인류 종의 선조들에게 적응적 가치를 제공함으로써 준비된 학습을 통해 획득된 모든 행동은 인간 본능의 일부가 된다. 하지만 그중 대부분은 한 세대에서 다음 세대로 문화를 통해 전달되기도 한다. 인간의 모든 사회적 행동은 준비된 학습을 토대로 하지만, 그 편향의 세기는 자연 선택을 통한 진화의 산물이기에 사례마다 다르다. 한 예로, 인간은 타고난 소문꾼이다. 우리는 남들의 인생 이야기를 하는 것을 무척 좋아하며, 아무리 시시콜콜 떠들어 대도 결코 물리지 않는다. 뒷소문은 우리가 사회 관계망을 배우고 형성하는 수단이다. 우리는 소설과 드라마를 탐닉한다. 하지만 우리는 동물의 일생 이야기에는 거의 또는 전혀 관심이 없다. 그것이 어떤 식으로든 인간의 이야기와 연결되지 않는 한 그렇다. 개는 서로 사랑하고 집으로 돌아가기를 열망하고, 올빼미는 깊이 생각을 하고, 뱀은 몰래 엿보고, 독수리는 탁 트인 하늘의 자유를 마음껏 즐긴다.

인간은 음악을 타고났다. 어린아이들은 음악이 주는 전율과 환희를 거의 즉각 느낀다. 하지만 분석수학의 전율은 설령 있다고 해도 훨씬 더 뒤에, 훨씬 더 느리게 찾아온다 (환희를 느낄 가능성은 훨씬 더 희박하다.). 음악은 초기 인류에게 사회를 통합하고 사람들의 감정을 고조시키는 수단이었지만, 분석수학은 결코 그런 적이 없다. 초기 인류는 분석수학을 정교화할 정신 능력을 지니고 있었지만, 그것을 사랑하지는 않았다. 자연 선택을 통한 진화만이 본능적인 사랑을 위한 기본 욕구를 만들어 낼 수 있다.

자연 선택이라는 원동력은 전 세계 사회들에서 문화적 진화의 수렴을 일으켜 왔다. 문화들의 수렴 양상을 조사한 고전적인 사례는 1945년의 인간관계 파일(Human Relation

Area Files)이다. 이 보고서는 67가지 보편적인 특징을 열거하며, 몇 가지를 임의로 뽑아 보면 다음과 같다. 운동 경기, 신체 장식, 장식 예술, 예절, 가족 잔치, 민간 전승, 장례 의식, 머리 모양, 근친상간 금기, 상속 규칙, 농담, 초자연적 존재 달래기.

우리가 인간 본성이라고 말하는 것은 우리의 감정과 그 감정이 관장하는 학습의 준비성으로 이루어진 전체다. 일부 저술가들은 인간 본성을 해체해 무로 만들려고 시도해 왔다. 하지만 그것은 실재하고 명백하며, 뇌의 구조 속에 존재하는 하나의 과정이다. 수십 년에 걸쳐 연구자들은 인간 본성이 감정과 학습 준비성을 규정하는 유전자에 들어 있지 않다는 것을 밝혀내 왔다. 유전자의 최종 산물인 보편적인 문화적 특징들에 들어 있는 것도 아니다. 인간 본성은 문화적 진화를 다른 방향들이 아니라 한 방향으로 편향시키고, 그럼으로써 모든 사람의 뇌에서 유전자를 문화와 연결하는 정신 발달의 유전적 규칙성의 집합이다.

사람들이 살고 싶어 하는 서식지를 선택할 때의 편향도 학습에서 매우 중요한 유전적 편향 중 하나다. 어른은 자신이 자라고 인격 형성기의 경험을 통해 기억에 새겨진 바로 그 유형의 환경에 매료된다. 그들에게 산, 해안, 평원, 심지어 사막도 가장 친숙함과 편안함을 주는 서식지가 될 수 있다. 나는 어릴 때 멕시코 만 근처에서 주로 살았기에, 바다를 향해 완만하게 비탈진 낮은 평원을 가장 좋아한다.

하지만 이 전경 내의 더 작은 규모에서, 아직 완전히 동화되지 않은 아이들을 대상으로 실험을 하니, 전혀 다른 이야기가 나왔다. 문화가 서로 전혀 다른 몇몇 나라의 자원자들에게 다양한 서식지의 사진들을 보여 주고서 어디에서 살고 싶은지를 물었다. 울창한 숲에서부터 사막에 이르기까지, 그 사이의 다른 생태계들도 포함해 선택은 제각각이었다. 하지만 그들이 선호한 곳들은 세 가지 요소를 공통적으로 지니고 있었다. 아래쪽으로 넓게 경관이 한눈에 들어오는 곳, 나무들과 덤불이 점점이 흩어져 있는 초원이 포함된 공원 경관, 하천이든 연못이든 호수든 바다든 간에 근처에 물이 있는 곳을 이상적으로 꼽았다.

공교롭게도 이 원형은 우리의 선행 인류와 초기 조상들이 수백만 년에 걸쳐 진화한 아프리카의 실제 사바나와 비슷하다. 종의 환경 선호가 준비된 학습의 잔재로서 남아 있는 것이 가능할까? 이 이른바 "아프리카 사바나 가설"은 뜬금없이 나온 추측이 결코 아니다. 가장 작은 곤충에서부터 코끼리와 사자에 이르기까지, 이동할 수 있는 모든 동물 종은 자신의 나머지 모든 생물학적 특성들이 가장 잘 적응한 서식지를 본능적으로 선택한다. 그렇지 않으면, 짝, 자신이 의존하는 먹이, 낯선 기생 생물과 포식자를 피할 수단을 찾을 가능성이 낮아질 것이다.

현재 전 세계에서 시골 인구가 미어터질 듯이 도시로 밀려들고 있다. 운이 좋다면, 그들은 시장, 학교, 병원을 더 쉽게 오갈 수 있게 되어 삶이 나아진다. 또 자신과 가족을 부양할 기회도 커진다. 하지만 다른 모든 조건이 같다면, 자유롭게 선택하라고 할 때, 정말로 도시와 교외를 거주지로 선호할까? 도시 생태의 강렬한 역동성과 인위적인 환경의 압박 때문에, 말하기가 불가능하다. 따라서 완전히 자유롭게 선택을 하도록 할 때 사람들이 실제로 무엇을 선호하고 획득할지를 알려면, 재산이 아주 많은 사람들을 살펴보는 편이 더 낫다. 경관 건축가들과 부호 전문 부동산 중개인들은 부자들이 물이 가까이 있고 공원이 내려다보이는 언덕에 사는 쪽을 선호한다고 말해 줄 것이다. 이 경관 요소들 중에 실질적인 가치가 있는 것은 전혀 없지만, 재산이 충분한 사람들은 어떤 가격을 치르고서라도 그런 곳을 구할 것이다.

몇 년 전 나는 저명하고 부유한 한 친구의 집에서 저녁을 먹었다. 공교롭게도 그는 뇌가 본능에 구애받지 않는 빈 석판이라고 굳게 믿는 사람이었다. 그의 집은 뉴욕 센트럴 파크가 내려다보이는 펜트하우스였다. 테라스로 나갔을 때,

나는 작은 화분에 심은 나무들이 가장자리를 따라 죽 늘어서 있는 것을 보았다. 멀리 공원 한가운데에 있는 잔디밭과 두 인공 호수가 눈에 들어왔다. 우리는 너무나 아름다운 경치라고 의견 일치를 보았다. 나는 손님이었기에 그를 자극할 질문을 삼갔다. "그런데 왜 아름다울까요?"

13

종교

스페인의 신비주의자인 아빌라의 성 테레사(Saint Teresa of Avila)가 1563~1565년 일기에 "넘치는 감미로운 기쁨"이라고 표현한 바 있는 환희(rapture)는 음악, 종교—그리고 아마존에서 종교 강화제로 쓰이는 아야후아스카(ayahuasca) 같은 환각제—등 다양한 방식으로 맛볼 수 있다. 신경 생물학자들은 음악의 절정 경험 중 적어도 일부가 최소한 한 가지 원인에서, 즉 뇌의 줄무늬체(striatum)에서 이루어지는 신경 전달 물질인 도파민 분비에서 비롯된다는 것을 알아냈다. 음식과 섹스에서 얻는 쾌락도 동일한 생화학적 보상 체계가 매개한다. 음악이 구석기 시대에 시작되었고—3만여 년 전의 새 뼈와 상아로 만든 피리가 발견되었다.—전 세계의 수렵 채집인 사회에서 보편적으로 존재하므로, 음악 사랑이 진화를 통해 인간의 뇌에 아로새겨졌다고 결론을 내리는 것이 타당하다.

수렵 채집인에서 문명화한 도시인에 이르기까지, 거의 모든 현존 사회에서 음악과 종교 사이에는 밀접한 관계가 있다. 신앙의 유전자가 음악의 유전자와 비슷한 방식으로 신경학적 및 생화학적인 매개가 이루어지도록 규정할까? 종교의 신경 과학이라는 비교적 젊은 분야에서 나온 증거는 그렇다고 말한다. 유전적 변이의 역할을 측정하는 쌍둥이 연구와 종교 경험을 흉내 내는 환각제 연구를 토대로 나온 결론이다. 또 뇌 병터와 다른 장애들이 종교성에 미치는 영향에 관한 자료와 특히 뇌 영상을 통해 신경 내에서 일어나는 사건을 직접 추적해 얻은 자료도 그렇다고 말한다. 종합하자면, 지금까지 종교의 신경 과학 연구를 통해 나온 결과들은 종교적 본능이 정말로 존재함을 강하게 시사한다.

물론 종교에는 생물학적 뿌리보다 훨씬 더 많은 것이 있다. 종교의 역사는 인류 자체의 역사만큼 깊거나, 거기에 거의 근접해 있다. 종교의 수수께끼를 해결하려는 시도는 철학의 핵심을 이루고 있다. 가장 순수하면서 가장 일반적인 형태의 종교는 신학을 통해 표현되며, 신학의 핵심 질문은 신의 존재 여부와 신과 인간의 사적인 관계다. 몹시 종교적인 사람들은 신에게 다가가고 신과 접촉할 방법을 찾기를 원한다. 가톨릭에서처럼 육화한 살과 피라는 형식이 아니라 해도, 적어도 신에게 개인의 삶을 인도할 지침과 은혜를 부탁하고 싶어 한다. 또 그들은 대부분 사후에 내세로 가서 앞서 세상을 떠난 이들과 함께 행복하게 살기를 원한다. 요컨대 신학적 정신은 현실 세계와 초자연적 세계 사이에 다리를 놓고 싶어 한다. 신이 지배하는 세상을 꿈꾼다. 속세에서 죽은 이의 영혼들이 평화롭게 영원히 함께 살아가는 세계다.

그들의 입장에서 보면, 인간의 뇌는 종교를 위해 만들어졌고 종교는 인간의 뇌를 위해 만들어졌다. 신자의 의식이 깨어 있는 매순간, 종교적 믿음은 여러 가지 역할을, 주로 부양하는 역할을 한다. 모든 신자들은 방대한 확대 가족으로 통합된다. 비유적인 의미의 형제자매들의 무리, 의지할 수 있고, 하나의 지고한 율법에 복종하고, 구성원이 된 혜택으로서 불멸성을 보장받는 집단이다.

신은 모든 예언자, 고위 성직자, 이맘, 신비한 성인, 종파 지도자, 대통령, 황제, 독재자 등등보다 더 높은 지위에 있다. 신은 궁극적이고 영구히 최고 지위에 있는 존재다. 신은 초자연적이고 무한한 힘을 지니며, 인간의 이해 범위를 넘어선 기적을 행사할 수 있다. 선사 시대 내내, 그리고 역사 시대의 대부분에 걸쳐, 사람들은 주변에서 일어나는 현상들의 대부분을 설명하기 위해 종교를 필요로 했다. 폭우와 범람도, 하늘을 가로지르는 번개도, 아이의 갑작스러운 죽음도 신이 일으킨 것이었다. 신은 온전한 정신을 유지하는 데 필요한 원인과 결과 중에서 원인이었다. 그리고 비록 우리 삶에 많은 의미를 함축하고 있다고 할지라도 신의 행사는 수수께끼로 남아 있다. 과학이 출현한 뒤로, 점점 더 많은 자연 현상이 분석 가능한 다른 현상들과 연관된 결과로서 이해되어 가고 원인과 결과의 초자연적인 설명은 점점 밀려났다. 하지만 종교 및 종교와 유사한 이념이 지닌 깊은 본능적인 호소력은 여전히 유지되어 왔다.

위대한 종교들은 영원한 유일신 — 또는 여러 신, 그들은 전능한 일족을 이루기도 한다. — 에 대한 믿음을 토대로 삼는다. 그 종교들은 문명에 이루 가치를 따질 수 없는 서비스를 한다. 성직자들은 태어나서 사망할 때까지 거치는 통과의례들에 축성을 한다. 그들은 민법과 도덕 법칙의 기본 조항들을 신성하게 만들고, 고통 받는 이들을 위로하고, 극빈자를 돌본다. 그들의 행동을 본받아서, 신자들은 인간과 신 앞에 올바르게 행동하고자 애쓴다. 그들이 주재하는 예배당은 공동체 생활의 중심지다. 모든 일들이 파탄이 날 때, 신이 지상에 거주하는 곳인 이 신성한 장소는 세속적

삶의 비극과 부당함에 맞설 궁극적 피난처가 된다. 그 성소와 성직자는 폭정, 전쟁, 기아, 최악의 자연재해를 더 견딜 수 있게 해 준다.

한편 위대한 종교들은 끊임없고 불필요한 고통의 비극적인 원천이기도 하다. 그들은 현실 세계의 가장 사회적인 문제들을 해결하는 데 필요한 현실 이해를 방해하는 장애물이다. 종교가 지닌 절묘할 만큼 인간적인 결함은 부족주의(tribalism)다. 부족주의라는 본능적인 힘은 영성의 갈망보다 신앙심을 형성하는 데 훨씬 더 강한 역할을 한다. 사람들은 종교적인 집단이든 세속적인 집단이든 간에 한 집단의 일원이 되기를 몹시 원한다. 평생에 걸쳐 얻는 정서적 경험을 통해, 그들은 행복, 아니 사실상 생존 자체가 유전적 혈연관계, 언어, 도덕적 신념, 지리적 위치, 사회적 목적, 옷차림을 어느 정도 공유하는 이들과 맺는 유대관계를 토대로 한다는 것을 안다. 이 모든 것을 다 공유하면 바람직하겠지만, 대부분의 목적에는 적어도 두세 가지만 공유해도 충분하다. 선한 사람들에게 나쁜 짓을 하도록 만드는 것은 부족주의이지, 순수 종교의 도덕 교리와 인본주의적 사고가 아니다.

불행히도 종교 집단은 무엇보다도 창조 이야기를 통해 자신을 정의한다. 창조 이야기는 인류가 어떻게 존재하게 되었는지를 설명하는 초자연적인 이야기다. 그리고 이 이야기는 부족주의의 핵심이기도 하다. 아무리 점잖고 고상하게, 혹은 미묘하게 설명되어 있든 간에, 그 이야기 속에는 신이 다른 모든 이들보다 자기 신자들을 더 선호한다고 확신을 심어 주는 믿음의 핵심이 담겨 있다. 그 이야기는 다른 종교 신자들이 잘못된 신을 섬기고, 잘못된 의례를 치르고, 거짓 예언자를 따르고, 허무맹랑한 창조 이야기를 믿는다고 가르친다. 정의상 조직 종교가 자체적으로 실행해야 하는, 영혼을 흡족하게 하지만 잔인하기도 한 차별을 피해갈 방법은 전혀 없다. 추종자들에게 로마 가톨릭을 믿으려 해 보라고 제안하는 이맘이나, 반대로 이슬람을 믿으려해 보라고 말할 가톨릭 사제가 과연 있었을까?

신자는 특정한 창조 이야기와 거기에 실린 기적에 관한 설명을 믿고 받아들이라는 요구를 받는다. 믿음은 생물학적으로 볼 때 생존과 번식 증대를 위한 다윈주의적 장치라고 이해할 수 있다. 그 믿음은 부족의 성공을 통해 버려지고, 부족은 다른 부족들과 경쟁할 때 믿음을 통해 단결하며, 부족 내에서 내부의 지지를 받기 위해 믿음을 조작하는 데가장 뛰어난 구성원들에게는 그 믿음이 성공의 열쇠가 된다. 이 강력한 사회적 관습을 낳은 끊임없는 갈등은 구석기시대 내내 널리 퍼져 있었고, 현재까지도 약화되지 않고 이어져 왔다. 가장 세속적인 사회에서 믿음은 종교와 흡사한 정치 이념으로 변형되는 경향이 있다. 때로는 그 두 거대한 믿음 범주들이 결합되기도 한다. "신은 당신들의 것이 아니라 나의 정치 원리를 지지하며, 당신들의 것이 아니라 내 정치 원리가 신을 더 잘 받든다."

종교 신앙은 신자들에게 엄청난 심리적 혜택을 준다. 그들의 존재에 대한 설명을 제공한다. 다른 부족 집단의 일원보다 자신들이 더 사랑과 보호를 받는다고 느끼게 한다. 더 원시적인 사회에서 신과 그 사제들은 그 대가로 무조건적인 믿음과 복종을 요구한다. 진화 기간 내내, 인간의 영혼을 위한 이 거래는 평화로운 시기와 전시 양쪽에서 부족을 단결시키는 유일하게 강한 힘이었다. 구성원들에게 자랑스러운 정체성, 정당한 행동 규칙, 삶과 죽음의 수수께끼 같은 순환 과정에 관한 설명을 제공했다.

오랜 세월 그 어떤 부족도 창조 이야기를 통해 존재의 의미가 정의되지 않는다면, 살아남을 수가 없었다. 믿음 상실의 대가는 헌신의 출혈, 즉 공동체 대의의 약화 및 해체다. 각 부족의 초기 역사 ─ 유대-기독교는 철기 시대 말, 이슬람은 7세기 ─ 에서, 신화는 작동하기 위해서 확고히 자리를 잡아야 했다. 일단 확정되자, 신화의 그 어떤 부분도 폐기할 수 없게 되었다. 부족은 그 어떤 의구심도 제기하지

말아야 했다. 낡은 교리를 해결할 방법은 오로지 교묘하게 넘어가거나 편리하게 잊어버리는 것뿐이었다. 또는 경쟁하는 새로운 교리를 통해 무너뜨리는 극단적인 사례도 일어났다.

어떤 두 창조 이야기가 똑같이 참일 수 없다는 것은 분명하다. 사실 알려진 수천 가지 종교와 종파가 창안한 이 모든 창조 이야기들은 확실히 틀린 것들이다. 아주 많은 교양 있는 시민들이 자신이 믿음이 사실 잘못되었다거나 적어도 세부적인 측면에서 의심스럽다는 것을 깨달아 왔다. 하지만 그들은 로마 스토아 철학자 세네카(Seneca the Younger)가 말했다고 하는 법칙을 이해한다. 그는 종교가 보통 사람에게는 진리이고, 현명한 사람에게는 거짓이며, 통치자에게는 유용한 것이라고 했다.

과학자들은 본래 종교에 관해 말할 때 신중한 경향을 보인다. 회의적인 견해를 피력할 때에도 그렇다. 저명한 생리학자 안톤 (아약스) J. 칼슨(Anton (Ajax) J. Carlson)은 성모 마리아가 육신을 지닌 채 승천했다는 교황 피오 12세의 1950년 교좌(즉 무오류) 선언을 어떻게 생각하느냐는 질문을 받자, 자신이 그 자리에 없었으니 확실히 알 수는 없지만 성모 마리아가 고도 약 9000미터에서 사망한다는 점은 확실하다고 대답했다고 한다.

이 성가신 문제를 그냥 내버려 두는 편이 더 나을까? 부정하지 말고, 그냥 잊어버리는 편이? 어쨌거나 세계 인구의 대다수는 그럭저럭 별 문제 없이 살아가고 있다. 하지만 그 문제를 등한시하는 것은 단기적으로 및 장기적으로 위험하다. 아마 양편에 벌어질 수 있는 재앙이 두려워서이겠지만, 국가 간 전쟁은 잦아들었을지도 모른다. 하지만 반란, 내전, 테러는 그렇지 않다. 그런 일이 벌어질 때 대량 살해를 일으키는 주된 원동력은 부족주의이며, 그 치명적인 부족주의를 뒷받침하는 핵심 논리를 제공하는 것은 종파적 종교다. 특히 각기 다른 신화를 믿는 이들 사이의 갈등이다. 이 글을 쓰고 있는 현재, 문명 세계는 시아파와 수니파의 야만적인 투쟁, 파키스탄의 도시들에서 다른 무슬림들이 자행하는 아흐마디야 무슬림 살해, 미얀마에서 불교 "극단주의자"들이 저지르는 무슬림 살해를 보면서 움찔하고 있다. 초정통파 유대인들이 자유주의자인 유대인 여성들이 통곡의 벽에 오는 것을 막는 것도 동일한 사회 병리학의 위협적인 초기 증상 중 하나다.

종교 전사들은 비정상적이지 않다. 특정한 종교적이고 교조적인 종교 성향의 이념을 믿는 이들을 온건파 대 극단주의자로 분류하는 것은 잘못이다. 증오와 폭력의 진정한 원인은 믿음 대 믿음, 종족주의라는 고대 본능의 표현 형태다. 믿음은 다른 면에서는 선한 사람이 나쁜 일을 하도록 만드는 원인이다. 자기 자신, 자신의 가족과 나라를 공격하는 데 참고 있을 사람은 없다. 자신의 창조 신화도 마찬가지다. 한 예로, 미국에서는 대부분의 공간에서 종교적 영성에 관해 서로 다른 관점에서 공개 논쟁을 벌이는 것이 가능하다. 신학과 철학이라는 맥락에서 논의를 펼친다면, 신의 본질과 존재 여부까지도 쟁점으로 삼을 수 있다. 하지만 더 구체적으로 들어가서 어떤 사람이나 집단의 창조 신화―믿음―에 의문을 제기하는 것은 금지되어 있다. 설령 그것이 아무리 불합리하다고 해도 그렇다. 누군가의 신성한 창조 신화에 있는 무언가를 폄하하는 것은 "종교적 편협함"이다. 그것은 개인을 위협하는 행위와 동등하다고 간주된다.

종교의 역사를 표현하는 또 한 가지 방법은 믿음이 종교적 영성을 강탈해 왔다는 것이다. 조직 종교의 예언자들과 지도자들은 의식적으로든 아니든 간에, 영성을 창조 신화를 통해 정의된 집단에 복속시켜 왔다. 신자는 세계의 안전과 영생이라는 약속을 받고 신에게 경외감을 불러일으키는 의식 행사와 신성한 의례와 희생을 바친다. 올바른 도덕적 결정을 내려야 한다는 것도 신과의 거래 내용 중 일부다. 기독교 신앙 내에서도 개별 교파들의 대부분은 신이 동성애, 인공 피임, 여성 주교, 진화 같은 것들 중 하나 이상에 반대하라는 의무를 지웠다고 본다.

미국의 국부들은 부족적 종교가 갈등을 일으킬 위험이 있음을 아주 잘 이해하고 있었다. 조지 워싱턴은 이렇게 간파했다. "인류 사이에 존재해 온 원한 가운데, 종교적 견해 차이가 일으킨 것이 가장 상습적이고 비참하고 가장 비난을 받아야 한다." 제임스 매디슨(James Madison)도 종교 갈등이 빚어내는 "피의 격류"를 언급하면서 동의를 표했다. 존 애덤스는 "미국 정부가 그 어떤 의미에서도 기독교에 토대를 두지 않는다."라고 주장했다. 하지만 미국은 그 뒤로 좀 변해 왔다. 미트 롬니(Mitt Romney)의 모르몬교처럼 설령 대다수에게는 터무니없어 보일지라도, 정치 지도자들에게는 자신이 신앙을 지닌다는 것을 유권자에게 확인시키는 것이 거의 의무가 되어 왔다. 대통령들은 기독교 자문가들의 말에 귀를 기울이고는 한다. 1954년에는 국기에 대한 맹세에 "신의 가호를 받아"라는 어구가 추가되었고, 현재 주요 정치 후보자 중에 감히 그 어구를 빼자고 주장할 사람은 아무도 없다.

가장 진지하게 종교를 탐구하는 저자들은 초월적인 의미의 추구를 창조 신화의 부족주의적 방어 체계와 융합한다. 그들은 인격신의 존재를 받아들인다. 아니 부정하기를 두려워한다. 그들은 창조 신화가 신과 소통하려는 인간의 노력, 현세와 사후에 타락하지 않은 삶을 추구하는 노력 속에서 나온 것이라고 본다. 하나같이 지적인 절충주의자들인 그들 속에는 니부어 학파(Niebuhr school)의 자유주의적 신학자들, 학습된 모호성에 의존하는 철학자들, C. S. 루이스(C. S. Lewis)의 문학적 추종자들, 그 외의 깊은 성찰 끝에 저 바깥에 무언가가 있는 것이 틀림없다고 받아들인 이들도 들어간다. 그들은 선사 시대와 인간 본능의 생물학적 진화에 무지한 경향이 있다. 바로 이 중요한 주제에 빛을 던져줄 그 두 가지를 말이다.

절충주의자들은 한 가지 해결 불가능한 문제에 직면한다. 19세기 덴마크의 고뇌에 찬 위대한 철학자 쇠렌 키르케고르(Søren Kierkegaard)가 절대 역설(Absolute Paradox)이라고 말한 것이다. 그는 교리가 신자들에게 단지 불가능한 것만이 아니라 이해할 수 없는 것, 따라서 불합리한 것을 강요한다고 말했다. 특히 키르케고르가 염두에 둔 것은 기독교 창조 신화의 핵심이었다. "영원한 진리가 현세에 출현했다는 것, 신이 현세에 출현했다는 것, 태어나고 자라고 함으로써 사람과 똑같아지게, 다른 사람과 구별할 수 없게 되었다는 것이 바로 불합리한 점이다." 키르케고르는 예수로서의 신이 고통을 겪기 위해, 물질세계에 들어온 것이 설령 진실이라고 선언한다고 해도, 순교자들을 실제로 고통을 겪도록 내버려 두었다는 것은 이해할 수 없는 일이라고 했다.

절대 역설은 모든 종교에서 육체와 영혼의 정직한 해결책을 추구하는 이들을 고뇌에 빠뜨린다. 수천억 개의 은하를 창조했으면서 즐거움, 사랑, 관용, 앙심 같은 인간과 흡사한 감정을 지니고, 신의 통치 하에서 지구 거주자들이 겪는 끔찍한 일들에는 일관적이고 당혹스러울 만큼 관심이 없는 전지한 신을 상상하는 것 자체가 불가능하다. "신이 우리의 믿음을 시험하고 있다."라거나 "신이 수수께끼처럼 행동한다."라는 설명으로는 부족하다.

카를 융(Carl Jung)이 말했듯이, 계속 커지기만 할 뿐, 결코 해결될 수 없는 문제도 있다. 절대 역설도 그런 것이 틀림없다. 해결할 것이 아예 없기 때문에 해결책도 전혀 없다. 문제는 신의 본질이나 존재 여부에 있는 것이 아니다. 인간 존재의 생물학적 기원과 인간 마음의 특성에 있으며, 우리를 생물권 진화의 정점으로 만든 것이 바로 그것이었다. 이 현실 세계에서 살아가는 가장 좋은 방법은 우리 자신을 악마와 부족 신에게서 해방시키는 것이다.

14
자유 의지

인간의 뇌를 연구하는 신경 과학자들은 자유 의지라는 말을 거의 입에 담지 않는다. 대부분은 그 주제를 적어도 당분간은 철학자들에게 맡겨 두는 편이 더 낫다고 여긴다. 그들은 "때가 무르익고 좀 여유가 생기면 그때 다루기로 하지요."라고 말하는 듯하다. 그 사이에 그들의 시선은 더 전망이 엿보이고 더 현실성이 있어 보이는 과학의 성배에 맞추어져 있다. 의식의 물질적 토대가 바로 그것이며, 자유 의지는 그것의 한 부분이다. 의식적 생각이라는 유령을 붙잡는 것이야말로 인류에게 가장 중요한 과학적 탐구라 할 수 있다. 과학자, 철학자, 종교 신자 할 것 없이 신경 생물학자 제럴드 에덜먼(Gerald Edelman)의 말에 누구나 동의할 것이다. "의식은 우리 모두가 인간답고 고귀한 존재임을 보증한다. 의식을 영구히 상실하면, 설령 몸의 활력 징후가 유지된다고 해도, 죽은 것이나 다름없다고 본다."

의식의 물질적 토대는 파악하기 쉬운 현상이 아닐 것이다. 인간의 뇌는 유기적으로든 무기적으로든 간에, 우주에서 알려진 가장 복잡한 계다. 뇌의 기능적 부분을 이루는 수십억 개의 신경 세포(뉴런) 하나하나는 시냅스를 형성해, 평균 1만 개의 다른 신경 세포들과 의사소통한다. 각 신경 세포는 세포막의 발화 양상이라는 일종의 디지털 부호를 이용해 축삭 통로를 통해 메시지를 보낸다. 뇌는 영역, 핵, 중추로 조직되어 기능을 분담한다. 각 부위는 호르몬과 뇌 바깥에서 오는 감각 자극에 각기 다른 식으로 반응한다. 한편 몸 전체에 퍼져 있는 감각 뉴런과 운동 뉴런은 거의 뇌의 일부인 양 뇌와 매우 긴밀하게 의사소통한다.

인간의 유전 암호 전체인 약 2만~2만 5000개의 유전자 중 절반은 이런저런 식으로 뇌-마음 체계를 구축하는 데 관여한다. 이 참여 수준은 생물권의 고도로 발달한 기관계 중에서 일어난 가장 급속한 진화적 변화의 산물이다. 300만 년에 걸쳐 뇌는 선행 인류인 오스트랄로피테쿠스의 600cc도 안 되던 수준에서 호모 하빌리스의 680cc를 거쳐, 현생 호모 사피엔스의 약 1400cc로 크기가 2배 이상 증가했다.

철학자들은 의식을 설명하기 위해 2000년이 넘는 세월을 애써 왔다. 물론 그것이 그들의 일이니, 당연하다. 하지만 그들은 생물학에 무지했다. 따라서 그들이 대체로 아무런 진척도 이루지 못했다고 해도 수긍이 간다. 나는 압축된 철학의 역사가 주로 실패한 뇌 모형들로 이루어져 있다고 말해도 그리 가혹하지는 않을 것이라고 믿는다. 퍼트리샤 처칠랜드(Patricia Churchland)와 대니얼 데닛(Daniel Dennett)를 비롯한 소수의 현대 신경 철학자들은 신경 과학이 내놓는 발견들을 해석하는 쪽으로 눈부신 성과를 올려 왔다. 한 예로, 그들은 우리가 도덕성과 합리적 사고의 부수적인 특성을 이해하도록 도움을 주어 왔다. 반면에 더 퇴행적인 이들도 있다. 후기구조주의에 기울어진 이들이 특히 그렇다. 그들은 뇌 연구자들의 "환원론적", 즉 "객관주의적" 연구 계획이 의식의 핵심을 설명하는 데 성공하지 못할 것이라고 의구심을 드러낸다. 설령 의식이 물질적 토대를 지닌다고 해도, 주관성은 과학의 너머에 있다고 본다. 이 미스터리언(mysterian, 종종 그렇게 불린다.)들은 논증을 펼치기 위해, 감각 입력 과정에서 우리가 경험하는 거의 표현하기 어려운 미묘한 느낌인 이른바 감각질(qualia)을 언급한다. 이를테면 우리는 물리학으로부터 "빨강"을 알지만, "붉음"은 더 깊은 차원의 감각이 아닐까? 그렇다면 과학자가 자유 의지, 혹은 적어도 종교 사상가들이 형언할 수 없음(ineffability)의 궁극적인 형태라고 여기는 영혼에 관해, 더 큰 규모에서 우리에게 무언가를 말해 줄 것이라고 과연 기대할 수 있을까?

더 회의적인 철학자들은 하향식 및 내성적인 방법을 쓴다. 즉 우리가 어떻게 생각을 하는지를 생각한 다음, 설명을 덧붙이거나 설명을 할 수 없는 이유를 찾아내는 식이다. 그들은 현상을 기술하고서 생각을 자극하는 사례를 제시한다. 그들은 의식적 마음에는 일상 현실과 근본적으로 다른 무언가가 있다고 결론을 내린다. 그러니 뭐가 있든 간에, 철학자와 시인에게 맡기는 편이 더 낫다는 것이다.

하향식과 정반대로 가차 없이 상향식 접근법을 취하는 신경 과학자들은 동의하지 않을 것이다. 그들은 그 과제가 어렵다는 사실을 명확히 인식하고 있다. 그 산맥에 몽상가를 위한 승강기가 설치되어 있지 않다는 점을 잘 이해하고 있다. 그들은 마음이 정면 공격을 통해서는 진입할 수 없는 성채라는 다윈의 말에 동의한다. 대신에 그들은 성벽의 후미진 곳들을 찾아서 여기저기 틈새를 뚫고서 여러 정찰대를 들여보낸다. 기술적 창의성을 통해 진입해, 어떤 공간을 찾아내든 간에 탐색한다. 신경 과학자가 되려면 신념을 가져야 한다. 의식과 자유 의지가 어딘가에 숨겨져 있을지 누가 알랴. 그것들이 통합된 과정과 실체로서 존재한다고 가정했을 때 말이다. 그것들이 애벌레가 나비가 되듯이, 발보아를 비롯한 선원들에 관한 대담한 추측을 담은 존 키츠 (John Keats)의 시에서 접하는 우리의 머릿속을 가득 채우는 이미지처럼, 자료로부터 변신을 통해 때가 되면 출현하는 것일까? 한편 신경 과학은 주로 의학과 관련을 맺고 있는 덕분에 풍성해져 왔다. 신경 과학의 연구 과제에 들어가는 예산은 해마다 수억 달러에서 수십억 달러씩 늘어나고 있다. (과학 분야에서 말하는 이른바 거대과학이다.) 암 연구, 우주 왕복선, 실험 입자 물리학 분야에서도 마찬가지로 급격한 대규모 성장이 성공적으로 이루어져 왔다.

이 글을 쓰는 현재, 신경 과학자들은 다윈이 불가능하다고 말한 정면 공격을 시작한 상태다. 뇌 활성 지도(BAM, Brain Activity Map) 계획이 바로 그것이다. 국립 보건 연구원과 국립 과학 재단을 비롯한 미국의 주요 정부 연구 기관들이 앨런 뇌과학 연구소(Allen Institute for Brain Science) 같은 기관들과 공동으로 구상하고 오바마 대통령이 정책으로 승인한 계획이다. 예산 마련에 성공한다면, 이 계획은 2003년에 완결된 생물학판 달 착륙 계획이었던 인간 유전체 계획에 맞먹는 규모가 될 것이다. 모든 뉴런의 활성을 실시간으로 보여 주는 지도를 작성하는 것이 목표다. 목표를 달성하려면 앞으로 많은 기술이 개발되어야 할 것이다.

활성 지도 작성의 기본 목표는 모든 사고 과정 — 고정되어 있는 것과 시간의 흐름에 따라 움직이고 있는 것을 포함한 이성적이고 감정적인, 의식적이고 전의식적이고 무의식적인 모든 것 — 을 물질적 토대와 연결하는 것이다. 쉽지는 않을 것이다. 우리는 레몬을 한 입 베어 물고, 잠자리에 눕고, 헤어진 친구를 떠올리고, 서쪽 바다로 해가 지는 광경을 지켜본다. 이 각각의 일화에 수반되는 대단히 정교한 대량의 신경 활성은 발화하는 세포들의 목록이라는 형태로 기술할 수 있기는커녕, 여태껏 거의 본 적이 없고 우리가 거의 상상조차 할 수 없는 수준이다.

과학자들 중에도 BAM에 회의적인 이들이 많지만, 그 점은 새롭지 않다. 인간 유전체 계획과 미국 항공 우주국이 수행한 우주 탐사의 상당수에도 동일한 반발이 있었다. 이 계획을 추진하려는 또 다른 동기는 작성된 지도를 의학에 응용할 수 있다는 것이다. 특히 정신질환의 세포적 및 분자적 토대를 파악하고 증상이 나타나기 전에 해로운 돌연변이를 찾아낼 수 있을 것이다.

BAM이나 비슷한 계획이 성공한다고 가정할 때, 그것들이 의식과 자유 의지라는 수수께끼를 어떤 식으로든 해결할 수 있을까? 나는 뇌 기능 지도 작성 계획이 장엄한 대미를 장식할 때보다는 비교적 더 일찍 해결책이 나올 것이라고 주장하련다. 신경 생물학이 거대과학으로 남아 있기만 하다면 말이다. 분명한 점은 뇌 연구를 통해 이미 대량의 정보가 축적되어 있으며, 그것이 진화 생물학 원리와 결합된다면 더욱 그럴 가능성이 높아진다.

해결책을 일찍 찾아낼 것이라는 낙관론을 피력하는 몇 가지 근거가 있다. 첫째는 진화하는 동안 의식이 서서히 출현했다는 것이다. 아주 높은 인간적인 단계는 스위치를 누르면 전등이 켜지는 것처럼, 갑자기 도달한 것이 아니다. 하빌리스 선행 인류에서 호모 사피엔스에 이르기까지, 뇌 크기가 점진적이지만 급속히 증가했다는 것은 의식도 다른 복잡한 생물학적 계―진핵세포나 동물의 눈, 곤충의 군체 생활―와 비슷한 방식으로 단계적으로 진화했음을 시사한다.

따라서 인간 수준으로 나아가는 경로의 중간에 있는 동물 종들을 연구함으로써 인간 의식으로 이어지는 단계들을 추적하는 일이 가능할 것이다. 생쥐는 초기 뇌 지도 연구에서 두드러진 모형이 되어 왔으며, 앞으로도 생산적으로 남아 있을 것이다. 이 종은 실험실에서 쉽게 키울 수 있고(포유동물치고는), 더 이전의 유전적 및 신경 과학적 연구들을 강력하게 뒷받침하는 데 쓰이는 등 연구용으로 상당한 이점들을 지니고 있다. 하지만 더 원시적인 쪽에 있는 안경원숭이와 갈라고에서 더 고등한 쪽에 있는 마카크원숭이와 침팬지에 이르기까지, 구대륙 영장류들 중 인류와 계통학적으로 가장 가까운 친척들을 추가한다면, 우리는 의식의 진화 과정을 실제 순서에 더 가깝게 재구성할 수 있다. 비교를 하면 인간 이외의 종들이 어느 정도의 신경 회로와 활성 수준에, 언제 어떤 순서로 이르렀음이 드러날 것이다. 연구의 초기 단계에서라도, 획득된 자료를 통해서 인간에게 독특한 신경 생물학적 형질이 파악될지도 모른다.

의식과 자유 의지의 세계로 진입하는 두 번째 지점은 창발적 현상을 파악하는 것이다. 기존의 개별적인 실체들과 과정들이 결합되었을 비로소 존재하게 되는 다른 어떤 실체와 과정을 말한다. 현재의 연구 결과들이 시사하는 바가 있다고 한다면, 의식과 자유 의지는 감각계와 뇌 양쪽의 다양한 부위들의 연관과 동조 활동 속에서 발견될 것이다.

한편 신경계를 세포들의 사회에서 분업과 전문화를 토대로 구축된 대단히 잘 조직된 초유기체라고 보는 것도 유용할 수 있다. 그렇게 보면, 몸은 주로 신경계를 지탱하는 역할을 하는 셈이다. 개미나 흰개미의 여왕과 여왕을 지원하는 일개미 무리에 비유하는 것이 유용할지도 모른다.

각 일개미는 상대적으로 어리석다. 선천적이고 맹목적인 본능이라는 프로그램을 따를 뿐이다. 그 본능의 발현은 융통성이 아주 적다. 이 프로그램에 따라 일개미는 한 번에 한두 가지 과제를 담당하고, 나이를 먹음에 따라 특정한 순서에 따라 ─ 대개 유모에서 건설자와 경비를 거쳐서 먹이 조달자로 ─ 바뀌어 가는 프로그램을 따르도록 되어 있다. 하지만 함께 모인 일개미들은 정반대로 대단히 영리하다. 그들은 필요한 모든 일들을 동시에 하며, 침수, 기아, 적 군체의 공격 같은 치명적일 수 있는 위기 상황에 대처할 때에는 일의 우선순위를 바꿀 수 있다. 이 비교를 억지라고 여기지는 말자. 더글라스 호프스태터(Douglas Hofstadter)가 1979년에 쓴 고전인 『괴델, 에셔, 바흐』에서 알 수 있듯이, 이런 비교는 진지한 저술들의 공통 주제가 되어 왔다.

인간의 지각 범위가 협소하다는 것도 또 하나의 강력한 추가 이점이다. 우리의 시각, 청각, 기타 감각들은 우리가 시간과 공간 양쪽으로 주변의 거의 모든 것을 인식한다는 인상을 심어 준다. 하지만 앞서 강조했듯이, 우리는 아주 협소한 범위의 시공간을 지각할 뿐이며, 에너지장 면에서는 더욱 협소하다. 그것이 바로 우리가 존재하는 시공간이다. 의식적 마음은 연속체들 속에서 우연히 우리가 차지하게 된 부분들이 교차하는 지점에 있는 우리 인식의 지도다. 그것은 현실 세계에서, 아니 더 정확히 말하면 우리 선행 인류 조상들이 진화했던 현실 세계에서 우리의 생존에 가장 영향을 미치는 사건들을 보고 알게 해 준다. 감각 정보와 시간의 경과를 이해하는 일은 대체로 의식 자체의 큰 부분을 이해하는 것이기도 하다. 이 분야의 발전은 전에 예상했던 것보다 더 수월할지도 모른다.

내가 낙관주의를 뒷받침하기 위해 제시하는 마지막 이유는 인간의 작화(confabulation) 필요성이다. 우리 마음은 이야기하기로 이루어진다. 현재의 매순간, 현실 세계의 정보는 홍수처럼 우리의 감각들로 흘러든다. 우리는 감각이 몹시 제한되어 있을 뿐더러, 감각이 받는 정보량이 뇌가 처리할 수 있는 수준을 훨씬 초월한다. 설상가상으로 우리는 맥락과 의미 부여를 위해 과거의 사건들에 얽힌 이야기를 불러낸다. 우리는 들어오는 정보를 펼쳐지는 과거와 비교하면서, 과거에 내렸던 결정들을 이렇게 저렇게 다양하게 적용해 본다. 그러면서 다양한 경쟁 시나리오들을 — 회상하는 데에서 그치지 않고 — 창안한다. 이 경쟁하는 시나리오들은 흥분한 감정 중추가 부과하는 효과를 억압하거나 강화하는 식으로 서로 비교가 이루어진다. 선택은 뇌의 무의식적 중추들에서 이루어지고, 최근의 연구들에 따르면 의식에 도달하기 몇 초 전에 이미 결정이 이루어진다고 한다.

의식적 정신생활은 전적으로 작화로부터 구축된다. 과거에 경험한 이야기들과 미래를 위해 창안된 이야기들이 서로 경쟁하면서 끊임없는 검토되는 과정으로 이루어진다.

이 이야기들은 대부분 다소 빈약한 감각들을 통해 처리될 수 있게, 최대한 현재의 현실 세계에 맞추어진다. 과거의 일화를 담은 기억들은 쾌락, 시연, 기획, 혹은 이 세 가지의 다양한 조합을 위해 다시 꺼내진다. 이 기억 중 일부는 변형되어 추상적 개념과 비유가 된다. 의식적 과정의 속도와 효율을 높이는 더 높은 차원의 포괄적인 단위들이다.

가장 의식적인 활동은 사회적 상호 작용의 요소들을 포함한다. 우리는 남들의 역사와 감정 반응에 흥미를 느낀다. 우리는 의도와 예상되는 반응을 읽고서 그것들을 토대로 상상과 현실 양쪽에서 게임을 펼친다. 이 수준의 복잡한 이야기들을 다루려면 방대한 기억 은행을 갖춘 커다란 뇌가 필요하다. 인간 세계에서 그 커다란 뇌는 오래 전에 생존에 도움을 주는 수단으로써 진화했다.

의식이 물질적 토대를 지닌다면, 자유 의지도 마찬가지일 수 있지 않을까? 달리 말해, 뇌의 다양한 활동들 속에서 무언가가 시나리오를 짜고 스스로 판단을 내리기 위해 뇌의 기구로부터 독립해 나올 수 있지 않을까? 물론 우리는 그 무언가를 자아라고 부른다. 그렇다면 무엇이 자아가 되는 것일까? 그리고 자아는 어디에 있을까? 자아가 뇌 안에서 독립해 살아가는 초자연적인 존재로서 존재할 수는 없다. 오히려 자아는 지어낸 시나리오들의 주인공이다. 자아는 이 이야기들에서 설령 참가자가 아닐 때라도 관찰자와 평론가로서 늘 중앙 무대에 있다. 그 무대가 바로 모든 감각 정보가 도달하고 통합되는 곳이기 때문이다. 의식적 마음을 구성하는 이야기들은 마음의 물질적 신경 생물학적 체계로부터 떼어낼 수 없다. 그 체계는 극작가, 감독, 배우를 결합한 역할을 한다. 시나리오에서 독립된 존재로 착각하도록 만들어졌어도, 자아는 몸의 해부학과 생리학의 일부다.

하지만 아무리 애써도 의식을 완전히 설명할 수는 없을 것이다. 신경 과학자들이 어떻게든 어느 개인의 뇌에서 일어나는 모든 과정들을 상세히 알아내는 데 성공했다고 하자. 그렇다면 그들이 그 개인의 마음을 설명할 수 있을까? 그렇지 않다. 그 목표에 근접조차 못한다. 마음을 설명하려면, 즉시 회상할 수 있는 이미지와 사건 및 무의식 깊숙이 묻혀 있는 이미지와 사건 양쪽으로 뇌의 특정한 기억들의 엄청난 창고를 열어야 한다. 그리고 설령 제한적으로나마 그런 일이 가능하다면, 기억과 그 기억에 반응하는 감정 중추를 변형시킴으로써 새로운 마음을 출현시킬 수도 있을 것이다.

그리고 우연이라는 요소도 있다. 몸과 뇌는 의사소통하는 세포들의 집합으로 이루어지며, 각 세포 집합은 자신들이 구성하는 의식적 마음이 상상조차 할 수 없는 불협화음을 일으키면서 변동한다. 세포는 매순간 인간의 지능으로는 예측할 수 없는 외부 자극의 폭격을 받는다. 그리고 이 사건들 하나하나는 국지적인 뉴런 패턴의 연쇄적인 변화를 수반할 수 있으며, 그에 따라 마음의 시나리오들은 세부적으로 거의 무한히 달라진다. 개인의 독특한 역사와 생리 활동에 따라 내용이 즉시 달라지는 역동적인 양상을 띤다.

개별 마음을 그 자체나 다른 어떤 별도의 연구자가 온전히 묘사할 수 없기 때문에, 자아 — 의식의 시나리오들에서 유명한 주역 — 는 자신의 독립성과 자유 의지를 계속 열렬히 믿을 수 있다. 그리고 다윈주의 측면에서 볼 때, 그 점은 매우 다행스럽다. 자유 의지가 있다는 확신은 생물학적 적응성을 지닌다. 그것이 없다면, 의식적 마음, 즉 기껏해야 현실 세계를 들여다보는 허약한 컴컴한 창문은 숙명론의 저주에 빠질 것이다. 놀라운 것을 갈망하고 탐사하고 갈망할 자유를 박탈당한 채 독방에 갇혀 있는 죄수처럼, 그 마음은 퇴화할 것이다.

그렇다면 자유 의지는 존재할까? 그렇다. 설령 궁극적으로 실재하지는 않는다고 할지라도, 적어도 조작적인 의미에서 온전한 정신을 유지하는 데, 그럼으로써 인간 종을 영속시키는 데 필요하다.

V

인간의 미래

과학 기술 시대에 자유는 새로운 의미를 획득
했다. 유년기를 거쳐서 어른이 될 때 그러하듯,
우리에게는 선택의 범위가 훨씬 더 넓어졌지
만 그에 따라 위험과 책임도 훨씬 더 늘어났다.

15

우주에서
홀로 자유롭게

우리 종의 이야기가 우리에게 말해 주는 것이 무엇일까? 종교와 이념에 찌든 오래된 이야기가 아니라, 과학을 통해 드러난 이야기 말이다. 나는 우리에게 이렇게 말해 줄 수 있을 만큼 증거가 많고 명확하다고 믿는다. 우리는 초자연적 지성체의 창조물이 아니라, 우연과 필연을 통해 나온 지구 생물권에 있는 수백만 종 가운데 하나라고 말이다. 우리가 다른 식으로 희망하고 소망한다고 할지라도, 우리에게 외부의 은총이 내리쬔다거나, 우리에게 명백하게 운명이나 목적이 부여되어 있다거나, 현생이 끝난 뒤 또 다른 삶을 얻는다는 증거는 전혀 없다. 우리는 철저히 혼자인 듯하다. 그리고 내가 보기에, 그 점은 대단히 좋은 일이다. 그것은 우리가 철저히 자유롭다는 의미다. 그 결과 우리는 그 토록 부당하게 우리를 편 가르는 비합리적인 믿음의 병인을 더 수월하게 진단할 수 있다. 이전 시대에 우리가 거의 꿈조차 꾸지 못한 새로운 대안들이 우리 앞에 놓여 있다. 그 대안들에 힘입어서, 우리는 시대를 막론하고 가장 큰 목표였던 인류 종의 통합에 더 확신을 갖고 매진할 수 있다.

이 목표를 달성하기 위한 선결 조건은 정확한 자기 이해다. 그렇다면 인간 존재의 의미는 무엇일까? 나는 생물학적 진화와 선사 시대로부터 시작해 역사 시대로 들어서서, 막연한 미래로 현재 매일 점점 더 급속히 나아가고 있는 우리 종의 서사시 자체, 그리고 우리가 앞으로 어떤 존재가 될지 스스로 선택하는 과정 속에 바로 그 의미가 담겨 있다고 주장해 왔다.

인간 존재를 이야기하는 것은 인문학과 과학의 차이점을 더 제대로 집중 조명하는 것이기도 하다. 인문학은 인류가 서로 그리고 환경과 관계를 맺고 있는 모든 방식을 상세히 규명하며, 후자에는 심미적이고 실용적인 중요성을 지닌 동식물들이 포함된다. 과학은 다른 모든 것들을 다룬다. 인문학의 자족적인 세계관은 인간 조건을 묘사한다. 하지만 인간 조건이 왜 다른 식이 아니라 그런 식인지는 말하지 않는다. 과학적 세계관은 훨씬 더 범위가 넓다. 인간 존재의 의미도 살펴본다. 즉 인간 조건의 일반 원리, 우주에서 인간 종이 어떤 위치에 있는지, 그리고 애초에 왜 존재하는지도 살펴본다.

인류는 진화의 한 사건으로서, 무작위 돌연변이와 자연 선택의 산물로서 출현했다. 우리 종은 구대륙 영장류(원원류, 원숭이, 유인원, 인간)의 한 계통이 겪은 많은 우여곡절 끝에 도달한 지점 중 하나일 뿐이다. 구대륙 영장류는 현재 수백 종이 있으며, 각각은 나름의 우여곡절을 거쳐 나온 산물이다. 우리가 유인원만 한 뇌를 지니고 과일을 따먹고 물고기를 잡으면서 생활하던 또 하나의 오스트랄로피테쿠스로 남아 있다가, 결국 다른 오스트랄로피테쿠스들처럼 멸종을 겪었을 가능성도 얼마든지 있다.

몸집 큰 동물들은 4억 년 동안 육지에서 살았지만, 문명을 건설할 만큼 고도의 지능을 갖춘 종은 호모 사피엔스뿐이다. 유전적으로 우리와 가장 가까운 친척인 침팬지류는 오늘날 두 종이 남아 있는데(침팬지와 보노보), 지능도 우리에게 가장 근접해 있다. 인류 계통과 침팬지 계통은 약 600만년 전 아프리카의 공통 조상에서 갈라졌다. 그 뒤로 약 20만 세대가 지났고, 자연 선택이 일련의 주요 유전적 변화를 가할 시간은 충분했다. 선행 인류는 후속 진화의 방향을 편향시킬 특정한 이점들을 지니고 있었다. 처음에 어느 정도는 나무 위에서 생활을 했고 팔을 자유롭게 사용할 수 있었다는 점이 그러했다. 그 뒤에 선행 인류는 이 기존 조건을 벗어나서, 주로 땅에서 생활을 했다. 뇌가 큰 조상과 대체로 한결같은 기후를 지닌 드넓은 대륙과 성긴 건조림이 군데군데 있는 광활한 초원도 편향을 일으키는 조건이었다. 나중에는 새로운 초본과 관목의 생장을 촉진하는 잦은 화재도 선호하는 선행 조건에 포함되었다. 더 중요한 점은 그 불로 고기를 요리해 먹는 쪽으로 결국 식성이 바뀔 수 있었다는 것이다. 진화적 준비 단계에서 이 상황들의 희귀한 조합이 행운(파괴적인 기후 변화, 화산 분출, 극심한 전염병도 전혀 없었다.)과 결합되어 초기 인류에게 우호적인 환경이 조성되었다.

그 후손들은 마치 신과 같은 기세로 지구의 많은 지역에 꽉꽉 들어찼고, 나머지 지역들도 많든 적든 변형시켜 왔다. 우리는 지구의 마음이 되었으며, 아마 은하수에서 우리가 속한 변방의 마음이기도 할 것이다. 우리는 지구를 원하는 대로 할 수 있다. 우리는 어떤 식으로 지구를 파괴할지 끊임없이 수다를 떨어 댄다. 핵전쟁을 통해서, 기후 변화를 통해서, 성경에서 예견한 종말을 일으키는 재림을 통해서 말이다.

그렇다고 인류가 천성적으로 악하다는 것은 아니다. 우리는 지구를 우리 자신과 우리를 낳은 생물권을 위한 낙원으로 바꿀 지능과 선의와 관용과 모험심을 충분히 갖추고 있다. 우리는 금세기 말까지 그 목표를 달성하거나 적어도 상당히 진척시킬 수 있다. 여태껏 그 모든 일의 걸림돌이 되어 온 것은 호모 사피엔스가 천성적으로 기능에 이상이 있는 종이라는 사실이다. 우리는 구석기 시대 저주(Paleolithic Curse)에 걸려 있다. 수렵 채집인으로 살아가던 수백만 년 동안은 잘 작동했지만, 지구 전체가 도시화한 과학 기술 시대에는 점점 더 방해가 되고 있는 유전적 적응 형질들을 말한다. 우리는 마을보다 더 높은 수준의 사회를 통치할 수단이나 경제 정책을 안정적으로 유지할 수 없는 듯하다. 게다가 전 세계 사람들의 대다수는 신자들의 복종과 자원을 차지하기 위해 자신이 초자연적인 힘을 지니고 있다고 주장하는 이들이 이끄는, 부족 수준에서 조직된 종교에 여전히 얽매여 있다. 우리는 부족적 갈등에 중독되어 있다. 그것은 팀 스포츠로 승화된다면 무해하고 즐겁지만, 현실 세계의 인종적, 종교적, 이념적 충돌 형태로 표출된다면 치명적이다. 다른 유전적 편향들도 있다. 자기 자신에게 너무 몰입한 나머지 우리는 나머지 생명을 보호할 생각을 않고, 계속 자연 환경을 찢어발기고 있다. 우리 종의 대체 불가능한 가장 소중한 유산을 말이다. 그리고 적정 인구 밀도, 지리적 분포, 연령 분포를 겨냥해 인구 정책을 펼치는 일은 여전히 금기시된다. 그런 생각은 "파시즘"처럼 들리며, 어쨌든 앞으로 한두 세대 동안은 미룰 수 있을 것이다. 아니, 우리는 그럴 수 있기를 바란다.

우리 종의 기능 이상은 우리 모두에게 친숙하지만 거북함을 주는 유전적 근시안을 낳았다. 사람들은 자신의 부족민이나 국민이 아닌 이들에게는 관심을 덜 가지며, 같은 부족민이나 국민이라고 해도 한두 세대 전의 사람이라면 관심이 멀어진다. 그러니 동물 종을 배려하기란 더욱 어렵다. 우리가 고분고분한 동료로서 길들인 개와 말을 비롯한 극소수의 동물을 빼고 말이다.

종교, 정치, 경영 쪽의 지도자들은 대개 인간 존재에 관한 초자연적인 설명을 받아들인다. 설령 내심 회의적이라고 해도, 그들은 종교 지도자들에게 맞서고 불필요하게 대중을 자극할 이유가 없다고 본다. 그들의 권력과 특권이 바로 대중으로부터 나오기 때문이다. 더 현실적인 세계관에 기여할 수도 있는 과학자들도 몹시 실망시키고 있다. 대개 자유민인, 그들은 자신이 배우고 봉급을 받는 협소한 전문 분야 내에서 만족하고 살아가는 지적 난쟁이들이다.

물론 이 기능 이상 중 일부는 세계 문명이 아직 청소년기에 있다는 데에서 유래한다. 즉 아직 발달하고 있는 상태다. 하지만 더 많은 비중을 차지하는 것은 그저 우리 뇌의 회로가 엉성하게 배선되어 있다는 사실 때문이다. 유전적인 인간 본성은 우리의 선행 인류와 구석기시대 인류가 남긴 유전적 유산이다. 다윈이 먼저 해부 구조에서(『인간의 유래』(1871년)), 이어서 얼굴의 감정 신호에서(『인간과 동물의 감정 표현』(1872년)) 파악한 "우리 하등한 기원의 지워지지 않을 각인"이 바로 그것이다. 진화심리학자들은 성차, 아이의 정신 발달, 서열화, 부족 공격성, 심지어 식성까지도 생물학적 진화로 설명해 왔다.

내가 앞서 주장했듯이, 인과 사슬은 더욱 깊이, 자연 선택이 작용하는 모든 생물학적 조직화 수준들로 뻗어 나간다. 집단 내에서의 이기적인 행동은 개체에게 경쟁 이점을 제공하지만, 일반적으로 집단 전체에는 피해를 입힌다. 개체 수준의 선택과 정반대로 작용하는 것이 집단 선택이다. 집단 대 집단의 경쟁이다. 개체가 협력적이고 이타적일 때, 그에 상응해 다른 구성원들과 경쟁할 때의 이점은 줄어들지만 집단 전체의 생존율과 번식률은 높아진다. 한 마디로 개체 선택은 우리가 죄악이라고 하는 것을 선호하고 집단 선택은 미덕을 선호한다. 그 결과 사이코패스를 제외한 모든 이들은 내면의 양심에 갈등을 겪는다. 다행히도 사이코패스는 인구의 1~4퍼센트에 불과하다.

자연 선택의 상반되는 두 벡터가 만든 산물은 우리의

감정과 이성에 아로새겨져 있으며, 지울 수 없다. 내면 갈등은 개인의 예외 사례가 아니라 항구적인 인간의 속성이다. 지닌 형질들이 오로지 개체 선택의 산물인 독수리, 여우, 거미나, 전적으로 집단 선택을 통해서 사회적 형질이 형성된 일개미에게는 그런 내면 갈등이 없거나 아예 존재할 수가 없다.

자연 선택의 두 수준이 경쟁하면서 일으키는 양심의 내면 갈등이 그저 이론 생물학자나 따지고 들 심오한 주제인 것만은 아니다. 그 갈등은 우리의 마음속에서 서로 싸우는 선과 악 때문이 아니다. 그것은 인간 조건을 이해하는 데 필요하고, 종의 생존에 필수적인 생물학적 형질이다. 선행 인류가 유전적으로 진화할 때 이 상반되는 선택압들은 타고난 감정 반응의 불안정한 혼합물을 낳았다. 끊임없이 천변만화하는 감정을 갖춘 마음을 빚어냈다. 이 마음은 자만하고 공격적이고 경쟁심을 품고 분개하고 앙심을 품고 속물적이고 기만적이고 호기심을 품고 모험적이고 부족적이고 용감하고 겸손하고 애국적이고 감정을 이입하고 애정을 품는 등 시시때때로 변한다. 정상적인 모든 사람은 비열한 동시에 고상하며, 때로 양쪽은 빠르게 번갈아가며, 때로는 동시에 나타나기도 한다.

감정의 불안정성은 우리가 계속 간직하기를 바라야 하

는 특성이다. 그것은 인간성의 핵심이며, 우리 창의성의 원천이다. 우리는 격변에 대비된 더 합리적인 미래를 계획하려면 진화적 및 심리학적 용어로 자신을 이해할 필요가 있다. 우리는 더 합리적으로 행동하는 법을 배워야 하지만, 인간 본성을 길들일 생각은 아예 하지 말자.

생물학자들은 성가시지만 견딜 수 없는 수준은 아니라고 정의되는 용인할 수 있는 기생 생물 부하(tolerable parasite load)라는 아주 유용한 개념을 만들어 냈다. 거의 모든 동식물 종은 기생 생물을 지니고 있다. 기생 생물은 다른 생물의 몸속이나 바깥에 붙어사는 종이라고 정의되며, 대개 숙주를 죽이지 않으면서 숙주의 일부를 차지하고 있다. 한 마디로 기생 생물은 개체보다 작은 단위를 먹이로 삼는 포식자다. 용인할 수 있는 기생 생물은 자신의 생존과 번식을 확보하면서도 동시에 숙주에 가하는 고통과 비용을 최소로 하는 생물이다. 개체가 용인 가능한 기생 생물을 모조리 제거하려 한다면 실수하는 것이다. 곧 비용이 너무나 커지고 자신의 신체 기능이 심하게 교란될 것이다. 이 원리가 의심스럽다면, 당신의 눈썹 뿌리에 지금 이 순간 살고 있을지 모를(약 50퍼센트의 확률로) 거의 현미경을 들이대야 보일 만한 크기의 모낭충을 박멸하려면 얼마나 많은 노력이 필요할지를 생각해 보라. 또 양분이 풍부한 당신 입 속의 침에서 유익한 세균들과 함께 살아가는 해로운 세균 수백만 마리를 없애려 할 때, 어떤 일이 벌어질지도 생각해 보라.

사회적 생물이 지닌 타고난 파괴적인 형질은 기생 생물이 물리적으로 존재하는 것에, 그리고 그 형질의 영향을 문화적으로 약화시키는 조치는 용인 가능한 도그마 부하를 줄이는 것에 비유할 수 있다. 후자의 한 가지 명백한 사례는 초자연적인 창조 이야기에 대한 맹목적인 믿음이다. 물론 오늘날 세계 대부분의 지역에서 교리 부하를 조절하기란 어려우며, 심지어 위험할 수도 있다. 그 이야기는 신자의 복종을 통해 부족적으로 지배를 할 수 있도록, 또 경쟁 관계에 있는 창조 이야기들을 믿는 이들보다 자기 이야기를 믿는 이들이 종교적으로 우월하다고 가정할 수 있도록 다듬어져 있다. 하지만 그 이야기들을 하나한 객관적으로 자세히 검토하고 그것들의 역사적 기원을 파악하는 일은 좋은 출발점이 될 것이며, 이미 많은 학문 분야에서 시작된 상태다(비록 느리고 신중하게 이루어지고 있지만). 두 번째 단계는 비현실적이라고 여겨지고 있지만, 신학자들의 도움을 받아서 각 종교와 종파의 지도자들에게 각자의 신앙에 담긴 초자연적인 요소들을 공개적으로 서로 비교하면서 옹호해 달라고 요청하는 것이다. 이때 자연적인 원인과 역사적 분석을 곁들인다.

특정 신앙의 핵심 교리에 그렇게 도전하는 행위를 불경하다고 비난하는 것은 보편적인 관습이었다. 하지만 더 많은 것을 알고 있는 오늘날의 세계에서는 그런 관습을 뒤엎는 것이 결코 비합리적이지 않을 것이다. 신을 섬긴다거나 신을 대변한다고 주장하는 종교 지도자나 정치 지도자에게는 불경하다고 비치겠지만 말이다. 그것은 신자의 무조건적인 복종을 요구하는 믿음의 존엄성보다 신자 개인의 존엄성을 우위에 놓는다는 개념이다. 그렇게 한다면 궁극적으로 복음주의 교회에서 예수를 역사 속의 인물로 보는 세미나를 여는 것도, 더 나아가 죽을 위험을 무릅쓰지 않고서도 무함마드를 풍자하는 것도 가능해질지 모른다.

그것이야말로 진정한 자유의 외침이 될 것이다. 우리가 전 세계에서 너무나 많이 접하는 교조적인 정치 이념에도 같은 일이 일어날 수 있다. 이 세속적인 종교들의 배후에 있는 논리는 언제나 동일하다. 논리적으로 참이라고 보는 명제에 하향식 설명과 뒷받침한다고 주장하는 추려 뽑은 증거들을 덧붙이는 식이다. 광신자와 독재자는 똑같이 자신들의 가정을 설명하고("제발, 명확히 말해 달라.") 핵심 믿음을 입증해 달라는 요청을 받으면 기운이 빠지는 것을 느낄 것이다.

그런 문화적 기생 생물에 해당하는 것들 중 가장 병원

성이 강한 것은 종교를 토대로 생물의 진화를 부정하는 태도다. 미국인의 약 절반(2013년에 46퍼센트, 1980년에는 44퍼센트였다.) — 대부분 복음주의 기독교인 — 과 전 세계 무슬림 중 거의 같은 비율은 그런 진화 과정이 있었다는 것조차 믿지 않는다. 창조론자인 그들은 신이 거대한 마법의 손길을 한 번 또는 서너 번 휘두름으로써 인류와 나머지 모든 생명을 창조했다고 주장한다. 그들의 마음은 진화를 보여 주는 압도적으로 많은 실제 사례들을 외면한다. 분자에서 생태계와 생물 다양성의 지리학에 이르기까지, 생명 조직화의 단계들을 거치면서 점점 더 긴밀하게 엮이는 과정을 말이다. 그들은 야외에서 관찰되고 관여하는 유전자까지도 파악된, 진행되는 진화에 무지하다. 아니 더 정확히 말하자면, 그들은 그것에 무지한 채로 남아 있는 것을 미덕이라고 부른다. 또 실험실에서 만들어 낸 신종들도 외면한다. 창조론자에게 진화는 기껏해야 검증되지 않은 이론일 뿐이다. 인류를 잘못된 길로 이끌기 위해 사탄이 창안해 다윈과 후대 과학자들을 통해 퍼뜨린 생각이라고까지 보는 소수파들도 있다. 내가 어릴 때 다닌 플로리다의 복음 교회에서는 사탄의 세속적인 대리인들이 남녀 가릴 것 없이 대단히 영리하고 의지가 강하지만 모두 거짓말쟁이이므로, 그들이 무슨 말을 하든 손가락으로 귀를 틀어막고 독실한 믿음을 굳게 간

직해야 한다고 가르쳤다.

민주주의 국가에서 사는 우리는 자신이 믿고 싶은 것을 얼마든지 믿을 자유가 있다. 그렇다면 창조론 같은 견해를 왜 병원성을 지닌 문화적 기생 생물과 같다고 말하는 것일까? 이유는 그것이 맹목적인 종교 신앙이 꼼꼼하게 검증된 사실을 이기는 상황을 대변하기 때문이다. 그것은 증거와 논리적 판단을 통해 나온 현실 개념이 아니다. 대신에 그것은 종교적 부족에 들어가기 위해 치르는 대가의 일부다. 신앙은 개인이 특정한 신에 복종했음을 보여 주는 증거이며, 설령 그럴 때에도 그 복종은 신을 직접 향한 것이 아니라 신을 대행한다고 주장하는 다른 사람들을 향한다.

사람들이 머리를 조아린 대가로, 사회 전체는 엄청난 비용을 치러 왔다. 진화는 생물에게서만이 아니라 어디에서든 모든 수준에서 일어나는 우주의 근본적인 과정이다. 진화의 분석은 의학, 미생물학, 농학을 포함하는 생물학의 핵심을 이룬다. 게다가 심리학, 인류학, 더 나아가 종교 자체의 역사도 시간이 흐르면서 이루어지는 진화라는 핵심 구성요소가 빠지면 무의미하다. "창조 과학"의 일부로서 제시되는 진화의 노골적인 부정은 명백한 거짓이며, 어른이 자신의 귀를 막는 것과 다름없고, 이런 식의 근본주의적 신앙을 묵인하는 쪽을 택한 사회는 손해다.

맹목적인 신앙에 긍정적인 측면도 있기는 하다. 집단을 더 강하게 결속시키고, 구성원들에게 위안을 준다. 자선 행위와 준법 행동을 장려한다. 아마 이런 서비스들이 교리 부하를 더 견딜 수 있게 해 줄 것이다. 하지만 맹목적인 신앙의 궁극적인 추진력은 신에게 받은 영감이 아니다. 그것은 집단의 구성원이라는 자격이다. 집단의 복지와 그 영토의 수호는 초자연적으로 기원한 것이 아니라 생물학적으로 기원한 것이다. 신학적으로 억압된 사회를 제외하고, 개인이 종교를 바꾸고, 종교가 다른 사람과 혼인을 하고, 도덕성이나 마찬가지로 중요한 경이감을 느낄 능력을 전혀 잃지 않은 채 종교를 버리는 것도 쉽다는 사실이 드러났다.

종교 바깥에서도 문화를 약화시켜 온 오래된 틀린 개념들이 있다. 비록 더 논리적이고 존중할 만한 근거를 갖춘 것들이긴 하지만 말이다. 그중 가장 중요한 개념은 학문의 두 커다란 줄기 — 과학과 인문학 — 가 지적으로 서로 독립되어 있다는 것이다. 게다가 더 멀리 떨어져 있을수록 더 낫다는 개념이다.

이 책에서 나는 과학 지식과 기술이 분야에 따라서 10~20년마다 두 배로, 기하급수적으로 성장을 계속하고 있지만, 그 성장 속도가 불가피하게 느려질 것이라고 주장했다. 방대한 지식을 빚어내 온 독창적인 발견들이 이루어지는 속도는 점점 느려지다가 이윽고 횟수가 줄어들 것이다. 물론 앞으로 수십 년 사이에 과학 기술 사회의 지식은 지금보다 엄청나게 늘어나겠지만, 세계의 다른 모든 곳에서도 마찬가지로 늘어날 것이다. 계속 진화하면서 무한히 다양해지는 쪽은 인문학일 것이다. 우리 종에게 영혼이 있다고 말할 수 있다면, 그 영혼은 인문학 속에 살고 있다.

하지만 창작 예술과 그 비평을 포함하는 이 거대한 학문 분야는 여전히 인간의 마음이 존재하는 감각 세계의 제대로 알려지지 않은 심각한 한계 때문에 방해를 받고 있다. 우리는 주로 시청각에 의지하며, 다른 수백만 종의 대다수가 살아가고 있는 미각과 후각의 세계를 알지 못한다. 우리는 몇몇 동물들이 방향을 찾고 의사소통을 하는 데 쓰는 전기장과·자기장은 아예 감지하지 못한다. 우리 자신의 시청각 세계에서도 우리는 상대적으로 눈과 귀가 먼 쪽에 가깝다. 전자기 스펙트럼의 아주 좁은 범위만 직접 지각할 수 있을 뿐이며, 땅, 공기, 물을 통해 굽이치면서 우리를 지나가는 진동수들은 아예 감지하지 못한다.

게다가 그것은 시작에 불과하다. 비록 창작 예술이 세세한 부분에서 무한해질 수 있다고 할지라도, 그것이 사례를 통해 보여 주고자 하는 원형과 본능은 사실상 극도로 적다. 그것들을 낳는 감정들의 집합은 설령 가장 강력하다고 해도 빈약하다. 비유하자면, 오케스트라의 악기들보다 수가 적다. 창작 예술가들과 인문학자들은 대체로 생물 부분과 무생물 부분 양쪽으로 지구의 방대한 시공간 연속체를 거의 이해하지 못하고 있으며, 태양계와 그 너머 우주의 시공간 연속체는 더욱더 알지 못한다. 그들은 호모 사피엔스가 대단히 독특한 종이라는 사실은 제대로 인식하고 있지만, 그것이 어떤 의미인지 또는 왜 그러한지를 탐구하는 일에는 거의 시간을 쓰지 않는다.

과학과 인문학이 하는 말과 하는 일을 볼 때 서로 근본적으로 다르다는 것은 사실이다. 하지만 기원을 보면 둘은 서로 상보적이며, 인간 뇌의 동일한 창의적 과정들을 통해 나온다. 과학의 발견적이고 분석적인 힘이 인문학의 내성적 창의성과 결합된다면, 인간 존재는 무한히 더 생산적이고 흥미로운 의미를 지니게 될 것이다.

포괄 적합도의 한계

유전 이론이 이타성과 고도의 사회 조직의 생물학적 기원을 설명하는 데 쓰인다는 점에서 중요하고 최근에 그것을 둘러싸고 꽤 시끌벅적하게 논쟁이 벌어졌기 때문에, 나는 이 책에 포괄 적합도 이론을 분석한 최근의 내용과 그것을 자료 기반의 집단 유전학으로 대체해야 하는 이유를 기술했다. 이 부록은 앞서 발표했던 연구 논문에서 수학적 분석 내용과 참고 문헌을 제외한 것이다. 그 논문은 전문가들의 집중적인 심사를 거쳐서 발표되었다.

참고 문헌: "Limitations of Inclusive Fitness," by Benjamin

Allen, Martin A. Nowak, and Edward O. Wilson, *Proceedings of the National Academy of Sciences USA*, volume 110, number 50, 20135-20139(2013).

의의

포괄 적합도 이론은 한 형질의 진화적 성공을 각 적합도 효과에 혈연도(relatedness coefficient)를 곱한 값들의 총합으로서 계산할 수 있다는 개념이다. 최근에 이 접근법의 한계를 보여 주는 수학적 분석 결과들이 나왔음에도, 이 이론에 집착하는 이들은 그것이 자연 선택 이론에 맞먹는 일반적인 이론이라고 주장한다. 이 주장은 선형 회귀법을 이용해 개체의 적합도를 자기 자신과 남에게서 비롯되는 요소들로 나누는 방법에 토대를 둔다. 우리는 이 회귀법이 진화 과정을 예측하거나 해석하는 데 무용지물이라는 점을 보여 주었다. 특히 그 방법은 상관관계와 인과 관계를 구별하지 못함으로써, 단순한 시나리오들을 잘못 해석하게 만든다. 회귀법의 약점은 포괄 적합도 이론이 전반적으로 한계가 있음을 잘 보여 준다.

최근까지 포괄 적합도는 사회적 행동의 진화를 설명하는 일반적인 방법으로 널리 받아들여져 있었다. 우리는 이전의 비판에 답하고 논의를 더 확장함으로써, 포괄 적합도가 편협한 개념임을, 즉 진화 과정들의 한 작은 부분 집합에만 적용되는 개념임을 보여 주고자 한다. 포괄 적합도는 개체 적합도가 개체의 행동으로 일어나는 부가적인 요소들의 합이라고 가정한다. 이 가정은 대부분의 진화 과정이나 시나리오에 들어맞지 않는다. 이 한계를 비껴가기 위해서, 포괄 적합도 이론가들은 선형 회귀를 이용하는 방법을 제시해 왔다. 그들은 이 방법을 토대로 삼아, 포괄 적합도 이론이 (i) 대립 유전자 빈도 변화의 방향을 예측하고, (ii) 이 변화의 이유를 파악하고, (iii) 자연 선택만큼 일반적이고, (iv) 진화의 보편적인 설계 원리를 제시한다고 주장해 왔다. 이 논문에서 우리는 이 주장들을 평가하고, 그것들이 모두 근거가 없다는 것을 보여 주고자 한다. 자연 선택이 사회적 행동을 변화시키는 돌연변이를 선호하는지 반대하는지를 분석하는 것이 목표라면, 포괄 적합도 이론은 그 어떤 측면에서도 필요가 없다.

포괄 적합도 이론은 사회적 진화에서의 적합도 효과를 설명하기 위한 접근법이다. 1964년 해밀턴이 내놓았다. 그는 특정한 상황에서는 진화가 포괄 적합도가 가장 큰 생물을 선택한다는 것을 보여 주었다. 이 결과는 설계 원리로서 해석되어 왔다. 즉 진화한 생물이 마치 자신의 포괄 적합도를 최대화하는 양 행동한다는 것이다.

해밀턴은 포괄 적합도를 다음과 같이 정의했다.

포괄 적합도는 개체가 성체까지 자란 자식을 남기는 것을 통해 표현되는 개체 적합도를 먼저 떼어 냈다가 특정한 방식으로 덧붙이는 식으로 상상할 수도 있다. 환경의 해롭거나 이로운 요소들에 전혀 노출되지 않는다고 할 때 드러날 적합도만 남기고, 개체의 사회적 환경 때문이라고 볼 수 있는 요소들을 모두 떼어 낸다. 그런 다음 이 양을 개체 자신이 이웃들의 적합도에 미치는 손해와 이익의 양의 특정한 비율을 곱해서 덧붙인다. 이 비율은 그냥 자신이 영향을 미치는 이웃들과의 혈연도를 말한다. 쌍둥이라면 1, 형제자매라면 1/2, 이복 형제자매라면 1/4, 사촌이라면 1/8...혈연관계가 무시할 수 있을 만큼 작다고 여겨지는 이웃들은 0이다.

비록 포괄 적합도 이론의 현대 공식은 다른 혈연도를 이용하지만, 그 외에 해밀턴 정의의 다른 측면들은 모두 고스란히 보존되어 있다.

여기서 요점은 개체 적합도를 개체의 행동으로 생기는 부가 요소들로 세분할 수 있다고 가정한다는 것이다. 해당 개체의 개체 적합도는 "사회적 환경" 때문에 나타나는 모든 요소들을 떼어 낸 것이다. 이것은 개체 적합도에서 다른 개체들이 일으키는 모든 개별 효과를 빼야 한다는 의미다. 그런 다음 해당 개체가 집단의 다른 모든 개체들의 개체 적합도에 어떤 영향을 미치는지를 계산해야 한다. 양쪽 다에서 우리는 개체 적합도가 개체의 행동에서 비롯되는 요소들의 총합 형태로 표현될 수 있다고 가정해야 한다. 포괄 적합도는 행위자의 행동이 남들에게 미치는 효과에 행위자와 남들의 혈연도를 곱한 값에다가 그 행동이 행위자 자신에게 미치는 효과를 더한 값이다.

이렇게 보면 포괄 적합도 개념의 핵심을 이루는 부가성이라는 가정이 일반적으로 적용될 필요가 없다는 것이 곧바로 명백히 드러난다. 이를테면, 개체 적합도는 남들의 행동의 비선형 함수일 수도 있다. 즉 개체의 생존은 다른 몇몇 이들의 동시 행동을 필요로 할 수도 있다. 예를 들어 여왕개미의 번식 성공률은 분화한 일개미 집단의 조화로운 행동을 필요로 할 것이다. 실험 결과 미생물들의 협력 행동의 적합도 효과는 부가적이지 않다는 것이 드러났다. 일반적으로 적합도 효과가 부가적이라고 가정할 수 없다는 것은 명백하다.

포괄 적합도를 대하는 두 가지 접근법

포괄 적합도에 관한 문헌들을 보면, 부가성의 한계에

대처하는 접근법이 두 가지다. 첫 번째 접근법은 부가성이 들어맞는 단순한 모형에만 논의를 한정하는 것이다. 예를 들어 해밀턴이 원래 정립한 포괄 적합도 이론에는 부가성이 하나의 가정으로서 들어 있다. 또 부가성은 돌연변이가 표현형에 미미한 영향만을 미치며, 적합도가 표현형에 따라 매끄럽게 달라진다는 가정에서 나온다.

M. A. 노왁, C. E. 타르니타, E. O. 윌슨은 이 첫 번째 접근법의 수학적 토대를 조사했다. 그들은 이 접근법이 적합도 효과의 부가성 외에도 많은 한정하는 가정들을 필요로 하며, 따라서 진화 과정 가운데 한정된 부분 집합에만 적용될 수 있다는 것을 보여 주었다. 그러자 100명이 넘는 저자들이 "포괄 적합도가 자연 선택 자체의 유전적 이론만큼 일반적이다."라는 선언문에 서명하면서 반발했다. 우리는 이 명백한 모순을 어떻게 이해해야 할까? 답은 위의 선언문이 두 번째 접근법에 토대를 두고 있다는 것이다. 두 번째 접근법은 부가성 문제를 회고적으로 다룬다. 이 접근법에서는 자연 선택의 결과가 애초에 이미 알려져 있거나 특정되어 있어야 하며, 이 결과를 낳았을 부가적인 비용과 편익을 구하는 것이 목표다. 그런 것들이 실제 생물학적 상호 작용에 해당하는지 여부와 상관없이 말이다. 비용(C)과 편익(B)은 선형 회귀법을 이용해 파악한다. 그런 다음 유전

자 빈도의 변화를 BR – C라는 형태로 고쳐 쓴다. 여기서 R
는 정량화한 혈연도다. 이 회귀법은 해밀턴이 포괄 적합도
이론의 후속 논문에서 제시했고, 그 뒤로 다듬어져서 빈도
변화를 해밀턴 법칙의 형태로 고쳐 쓰는 일종의 요리법이
되었다.

회귀법은 포괄 적합도 이론의 힘과 일반성을 역설하는
많은 주장들의 토대를 이룬다. 이를테면 회귀법을 쓰면 포
괄 적합도가 부가성이라는 요구 조건을 회피할 수 있다는
주장이 종종 나온다. 또 회귀법이 자연 선택의 방향을 예측
할 수 있고, 친척 사이의 사회적 상호 작용의 결과로서 일
어나는 빈도 변화를 정량적으로 이해하게 해 준다는 주장
도 있다.

여기서 우리는 회귀법이 진화적 변화에 관해 말해 주
는 것이 있다고 한다면, 그것이 과연 무엇일지를 질문함으
로써 이 주장들을 평가하고자 한다. 우리는 회귀법이 예측
력과 설명력을 지닌다는 이 주장들이 거짓이며, 그것이 일
반성을 띤다는 주장이 평가할 수 있을 만한 의미를 지니지
못한다는 점을 보여 주고자 한다. 이 발견들은 포괄 적합
도가 진화의 보편적인 설계 원리를 제공한다는 생각에 의
문을 제기한다. 아니, 사실상 그런 설계 원리가 존재한다는
것 자체에 의문을 제기한다.

회귀법은 예측을 내놓지 않는다

이제 회귀법에 관한 다양한 주장들을 평가해 보자. 선택의 방향을 예측한다는 주장부터 살펴보자. 이 주장은 참일 리가 없다. 해당 기간에 걸쳐 변화하는 대립 유전자 빈도를 처음부터 정해 놓고 있기 때문이다. 즉 여기에서 "예측"이란 BR‒C의 부호가 미리 정해진 결과에 들어맞는다는 식으로, 그저 이미 알고 있는 사항을 다시 말하는 것에 불과하다.

또 회귀법은 기간이나 조건이 다를 때에는 어떤 일이 일어날지를 예측하지 않는다. 어떤 시나리오나 기간에 일어나는 다른 어떤 변화를 조사하려면, 먼저 자료를 다시 특정 짓고 그 방법을 다시 적용해야 한다. 따라서 새로운 독립된 결과가 나올 수밖에 없다.

이 예측력 부족은 놀랍지 않다. 어떤 과정의 작동에 관해 미리 가정을 하지 않고서는 그 과정의 결과를 예측한다는 것이 논리적으로 불가능하다. 모델링 가정이 전혀 없을 때, 할 수 있는 일은 그저 주어진 자료를 다른 형식으로 고쳐 쓰는 것밖에 없다.

실험자들은 이 예측력 결핍을 알아차려 왔다. 최근의 한 연구는 대장균에서 항생제 내성을 획득하는 데 필요한 물질의 협동 생산에 회귀법을 적용했다. 논문 저자들은 이렇게 결론을 내렸다. "설령 생산자와 비생산자로 구성된 특정한 시스템의 B, C, R 값을 측정한다고 해도, 집단의 구조나 개체의 생화학에 어떤 변화가 일어났을 때 결과가 어떻게 될지 예측할 수가 없다."

회귀법은 인과적 설명을 내놓지 않는다

이제 회귀법의 설명력을 평가해 보자. 현재의 문헌들은 이 점에서 견해가 갈리는 듯하다. 회귀법이 빈도 변화의 인과적 설명을 제시한다고 주장하는 연구가 있는 반면, 그것이 개념 면에서 유용하다고 더 한정된 주장을 하는 연구도 있다. 게다가 회귀법이 내놓는 정량적인 값들은 흔히 이타성과 악의 같은 사회적 행동의 관점에서 기술되고 있다. 그럼으로써 설령 인과 관계가 있다고 직접적으로 전혀 주장하지 않았을 때에도 이 값들은 "인과적 허울(causal gloss)"을 뒤집어쓴다.

회귀법이 대립 유전자 빈도 변화의 원인을 파악한다는 주장은 옳을 수가 없다. 회귀법은 상관관계만을 파악할 수 있고, 상관관계는 인과 관계를 의미하지 않기 때문이다. 게다가 회귀법은 주어진 자료에 들어맞는 부가적인 사회적 적합도 효과를 찾으려고 시도하기 때문에, 사회적 상호 작용이 부가적이 아닐 때, 또는 다른 요인들로 적합도 변이가 일어날 때 결과를 곡해한다고 예상해야 한다. 이 원리를 토대로, 우리는 회귀법이 빈도 변화의 이유를 잘못 파악하는 세 가지 가상의 시나리오를 제시하련다.

첫 번째 가상의 시나리오는 "아첨꾼(hanger-on)" 형질이 그것을 지닌 이를 적합도가 높은 개체와 사귀고 상호 작용하도록 이끈다는 것이다. 우리는 이 상호 작용이 적합도에 영향을 미치지 않는다고 가정한다. 하지만 이 교제 추구 행동을 통해서 적합도는 아첨꾼을 동료로서 지니는 것과 긍정적인 상관관계를 띠게 된다. 따라서 회귀법은 B>0이라는 결과를 내놓는다. 그리하여 아첨꾼이 동료에게 높은 적합도를 부여하므로, 협력적이라고 이해해야 한다는 해석이 나왔다. 하지만 이것은 인과 관계를 거꾸로 해석한 것이다. 사실은 높은 적합도가 그 상호 작용의 원인이지, 반대가 아니다.

이 아첨꾼 행동의 변이 형태들은 많은 생물학적 계에서 나타날 수 있다. 한 새는 나중에 둥지를 물려받겠다는 목표 하에, 적합도가 높은 쌍의 둥지에 머물기를 선택할 수도 있다. 마찬가지로 사회성 말벌도 부모가 적합도가 높을 때, 마찬가지로 벌집을 물려받겠다는 목표를 갖고서 부모의 집에 머물러 있을 가능성이 더 높을 수도 있다. 이런 상황에 회귀법을 적용한다면, 순수하게 이기적인 행동을 협력으로 오해하게 만들 것이다.

　두 번째 사례는 "질투" 형질이다. 질투하는 개체는 적합도가 높은 동료를 찾아내어 그 적합도를 줄일 목적으로 공격한다. 우리는 이 공격이 공격자에게는 비용이 많이 들면서 효과는 크지 않으며, 따라서 공격받은 개체가 공격을 당한 뒤에도 평균 이상의 적합도를 지니고 있을 것이라고 가정한다. 회귀법은 B, C>0이라는 결과를 내놓으면서, 질투하는 개체가 값비싼 협력에 종사한다고 시사한다. 이 해석도 틀렸다. 그 공격은 해로우며, 긍정적인 적합도 상관관계는 상호 작용할 동료의 선택과 공격의 무력함 때문에 나타난다.

　세 번째 사례는 "보모" 형질이다. 보모는 적합도가 낮은 개체를 찾아서, 그 적합성을 향상시키려는 값비싼 노력을 할 것이다. 하지만 우리는 이 원조의 효과가 크지 않을 것이며, 따라서 도움을 받은 개체가 여전히 평균 이하의 적합도를 지닐 것이라고 가정한다. 하지만 회귀법은 B<0, C>0이라는 결과를 내놓음으로써, 그래도 남아 있는 이 낮은 적합도를 보모 쪽의 값비싼 방해 행위 때문이라고 잘못 해석한다.

"가정 없는" 접근법

마지막으로 포괄 적합도 이론이 "자연 선택 자체의 유전적 이론만큼 일반적"이라는 주장을 살펴보자. 이것은 회귀법이 대립 유전자 빈도의 임의적인 변화(실제 이 변화의 원인이 무엇이든 간에)에 적용될 수 있기 때문에, 자연 선택의 모든 사례가 포괄 적합도 이론으로 설명이 된다는 논리다.

하지만 앞서 살펴보았듯이, 회귀법은 주어진 시나리오나 다른 어떤 시나리오에 관한 무언가를 예측하거나 설명하지 않는 "그저 그런 이야기"를 내놓을 뿐이다. 물론 회귀법이 옳은 인과적 설명을 내놓는 사례도 있을 수 있고, 한 시나리오에서 얻은 결과가 특정한 다른 사례들에도 거의 정확히 들어맞는 경우도 있을 수 있다. 하지만 회귀법은 이런 사례들을 식별할 기준을 전혀 제공하지 않는다. 사실 그런 기준을 정립하려면 기본 과정들에 관한 가정들이 더 필요하다. 그런 가정이 없이는 회귀법의 결과는 해당 상황에 관한 과학적 질문에 답하지 못한다. 따라서 보편적이라는 주장은 무의미하다.

이 효용성 결핍이 어떤 기술적인 누락 때문은 아니다. 오히려 그것은 해밀턴 법칙을 자연 선택의 모든 사례에 확장하려는 시도에서 비롯된다. 해밀턴의 원래 공식이 직관적인 호소력을 지닌다는 점을 생각할 때, 그런 충동을 느끼는 것도 이해가 간다. 하지만 한 이론 틀의 힘은 그것의 가정들로부터 나오므로, 가정이 전혀 없는 이론은 그 어떤 것도 예측하거나 설명할 수 없다. 비트겐슈타인이 『논리철학논고』에서 주장했듯이, 모든 상황에서 진리인 진술은 특정한 상황에 관한 구체적인 정보를 전혀 담고 있지 않다.

보편적인 설계 원리는 없다

포괄 적합도 개념은 사회적 행동의 진화를 개체 수준에서 설명하려고 시도할 때 나타난다. 예를 들어 포괄 적합도 이론은 불임인 일개미의 존재를 일개미 자신의 행동을 통해 설명하려고 시도한다. 그래서 일개미가 스스로 자식을 보기보다는 여왕개미를 도움으로써 자신의 포괄 적합도를 최대화한다는 설명이 나왔다.

진화가 포괄 적합도를 최대화한다는 주장은 진화의 보편적인 설계 원리라고 해석되어 왔다. 이 주장은 진화가 집단의 평균 포괄 적합도를 최대화한다는 해밀턴의 논증과 진화한 생물이 마치 자신의 포괄 적합도를 최대화하는 양 행동한다는 앨런 그래펀(Alan Grafen)의 별개의 논증을 토대로 한다. 이 두 논증은 적합도 효과의 부가성을 포함해 한정적인 가정들에 의존한다. 실제 생물 집단들에서 적합도 효과가 부가적이지 않다는 것이 실험을 통해 밝혀졌기 때문에, 이 결과들은 일반적으로 들어맞는다고 기대할 수가 없다. 더군다나 두 이론과 실험은 빈도 의존성 선택이 다중적이고 복합적인 평형, 한계 궤도, 카오스 끌개 같은 복잡한 역동적인 현상들로 이어짐으로써 일반적인 최대화 개념이 적용될 가능성을 배제할 수 있음을 보여 주어 왔다. 따라서 일반적으로 진화는 포괄 적응도나 다른 어떤 양을 최대화하는 것이 아니다.

진화론의 상식적 접근

다행히도 사회적 행동의 진화를 이해하는 데는 보편적인 최대값이나 설계 원리가 필요하지 않다. 오히려 우리는 유전적 접근법에 직접 기댈 수도 있다. 행동을 바꾸는 돌연변이를 생각해 보자. 자연 선택은 어떤 조건에서 이 돌연변이를 선호할까(또는 싫어할까)? 선택의 표적은 개체가 아니라, 행동에 영향을 미치는 대립 유전자나 유전체 조합이다.

이 문제를 이론적으로 조사하려면, 모델링 가정이 필요하다. 이 가정들은 특정한 생물학적 상황에만 적용되는 고도로 특정한 것일 수도 있고, 다양한 시나리오들에 적용되는 폭넓은 것일 수도 있다. 일반적인(하지만 정확한) 가정에 의존하는 모델링 기본 틀은 최근에 공간적으로, 무리 별로, 생리적으로 구조화한 집단의 진화, 연속성을 띤 형질의 진

화, 포괄 적합도 이론 자체(적합도 효과가 부가적이고 다른 요구 조건들이 충족되는 사례에서)를 연구하는 강력한 도구로 부상해 왔다. 비록 이 기본 틀이 일반적인 결과를 얻는 데에는 쓰일 수 있지만, 그중 보편적이거나 가정이 없는 것은 전혀 없다. 대신에 그것들은 적용되는 체계에 관한 잘 정의된 검증 가능한 예측들을 내놓기 위해 나름의 가정들에 의존한다.

토의

포괄 적합도 이론은 개체 수준에서 적용되는 진화의 보편적인 설계 원리를 찾으려고 시도한다. 그 결과 일반적으로는 존재하지 않거나(부가성이 요구된다고 할 때) 예측적 또는 설명적 가치가 전혀 없는(회귀법이 쓰인다고 할 때) 관찰 불가능한 값이 나온다. 대신에 우리가 유전적 관점을 취해서 자연 선택이 사회적 행동을 바꾸는 대립 유전자를 선호할지 반대할지를 묻는다면, 포괄 적합도는 아예 필요가 없다.

포괄 적합도 이론은 수십 년 동안 이 분야를 지배하면서 발전을 지체시켜 왔다. 합리적인 비판과 대안 접근법을 계속해서 억눌러 왔다. 특히 회귀법을 이용함으로써 부가성이라는 요구 조건을 회피하려는 시도는 논리적 혼란과 보편성에 관한 틀린 주장들을 낳았다. 부가성을 가정하는 합리적인 포괄 적합도 계산값은 몇몇 한정된 상황에서 적합도 효과를 설명할 대안 방법이지만, 이 방법은 결코 필수적인 것이 아니며 때로 불필요할 만큼 복잡하기도 하다. 진화 생물학에서 포괄 적합도를 토대로 한 분석이 필요하다는 데에는 아무 이의가 없다. 포괄 적합도의 한계를 깨달음으로써, 사회 생물학은 이제 발전할 가능성이 열리게 되었다. 우리는 자연사의 확고한 이해에 토대를 둔 현실적인 모형을 개발하자고 촉구한다. 집단 유전학, 진화 게임 이론, 앞으로 개발될 새로운 분석 절차들의 도움을 받으면, 강력하면서도 튼튼한 사회 생물학 이론이 출현할 수 있다.

감사의 말

늘 든든하게 지원과 조언을 해 준 존 테일러 (아이크) 윌리엄스, 노턴에서 펴낸 이전 저서들에서도 그랬듯 편집 방향을 제시한 로버트 와일, 조사와 편집, 원고 작성에 헤아릴 수 없는 도움을 준 캐서린 호튼에게 깊이 감사한다.

2장은 2013년 2월 24일자《뉴욕 타임스 오피니어네터 (*The New York Times Opinionator*)》에 실린 필자의 「인류 종의 수수께끼」를 수정한 것이다. 3장은 2012년 6월 24일에 같은 지면에 실은 동일한 제목의 글을 수정한 것이고, 11장은《이코노미스트(*The Economist*)》가 2013년 11월에 펴낸『2014년 세계 전망(*The World in 2014*)』143쪽에 실린 「고독의 시대를 조심하라(Beware the Age of Loneliness)」를 수정한 것이다.

찾아보기

옮긴이 이한음

서울 대학교 생물학과를 졸업한 뒤 실험실을 배경으로 한 과학 소설 『해부의 목적』으로 1996년 《경향신문》 신춘문예에 당선되었다. 전문적인 과학 지식과 인문적 사유가 조화를 이룬 대표 과학 전문 번역자이자 과학 전문 저술가로 활동하고 있다. 저서로 과학 소설집 『신이 되고 싶은 컴퓨터』가 있다. 옮긴 책으로는 에드워드 윌슨의 『지구의 정복자』, 『인간 본성에 대하여』를 비롯해 『마인드 체인지』, 『악마의 사도』, 『기술의 충격』, 『공생자 행성』, 『살아 있는 지구의 역사』, 『DNA: 생명의 비밀』 등 다수가 있다.

인간 존재의 의미

1판 1쇄 펴냄 2016년 7월 22일
1판 8쇄 펴냄 2023년 1월 15일

지은이 에드워드 윌슨
옮긴이 이한음
펴낸이 박상준
펴낸곳 (주)사이언스북스

출판등록 1997. 3. 24.(제16-1444호)
(06027) 서울특별시 강남구 도산대로1길 62
대표전화 515-2000 팩시밀리 515-2007
편집부 517-4263 팩시밀리 514-2329

www.sciencebooks.co.kr